»Ludwig Ganghofer ist ein ganz nichtsnutziger, überaus träger und leichtsinniger Schüler«, schrieb ihm ein Lehrer aus Neuburg an der Donau ins Zeugnis. Ganghofer aber hat ihn eines Besseren belehrt: Mit 25 Jahren promovierte er, und im gleichen Jahr wurde »Der Hergottschnitzer« im Münchner Gärtnerplatztheater uraufgeführt. Insgesamt schrieb er 70 Romane, Schauspiele und Novellen.
Bedeutende Zeitgenossen gingen bei ihm ein und aus, und zu seinen Freunden zählten Ludwig Thoma, Peter Rosegger, Johann Strauß, Hugo von Hofmannsthal und Rainer Maria Rilke. Bei seinem Tod – er starb 1920 im Alter von 66 Jahren – ließ sich nicht ahnen, daß auch spätere Generationen seine Werke mit Begeisterung lesen würden: nicht zuletzt wegen der interessanten kulturhistorischen Aspekte, unter denen er seine Zeit, das 19. Jahrhundert, sieht und weil er als ein ausgezeichneter Erzähler auch heute noch fesselt.

Von Ludwig Ganghofer sind außerdem
als Knaur-Taschenbücher erschienen:

*»Waldrausch«* (Band 479)
*»Das Gotteslehen«* (Band 499)
*»Der Klosterjäger«* (Band 536)
*»Bergfeuer«* (Band 1072)
*»Der Biberfranzl«* (Band 1073)

Originalausgabe

Umschlaggestaltung und -zeichnung Wolfgang Schaub
Satz Appl, Wemding
Druck und Bindung Hanseatische Druckanstalt GmbH, Hamburg
Printed in Germany · 1 · 9 · 1183
ISBN 3-426-01071-2

1. Auflage

# Ludwig Ganghofer: Adlerjagd

Jagd- und Jägergeschichten

Neu illustriert von Wolfgang Schaub

Knaur

ISBN 3-426-01071-2 680

*Inhalt*

# *Adlerjagd*

Mein erster Adler! Bei diesem Worte macht mir die Erinnerung das Blut wieder heiß. Und wieviel harte Mühsal mußte ich überstehen, wie viele Jahre mußte ich geduldig warten, bis das grüne Glück mir diesen heißersehnten Schuß bescherte.

Wohl hatte mir die Huld Dianas bereits vor vielen Jahren diese seltene Jägerfreude zugedacht. Aber der erste Vorgeschmack jener fast unbeschreiblichen Strapazen, die der Adlerjäger zu überwinden hat, machte mich ungeduldig und betrog mich um den Erfolg.

Es war im Sommer 1887, zu Anfang August. Ich jagte damals im Gebiet der Zugspitze auf Hirsche und Gemsen. Eines Abends hatte ich auf dem freien Grat einer Waldkappe meinen Ansitz genommen, um den Auszug des Zwölfenders abzuwarten. Es war Jagdwetter, wie es sich schöner nicht denken läßt. Alle Felszinnen vom Glanz des Abends übergossen, die Baumwipfel umzittert von goldigen Lichtern, der Himmel klar und in allen Farben leuchtend und die linde Luft erfüllt vom würzigen Geruch der Blumen. Die gespannte Büchse über dem Knie, saß ich regungslos und ließ die spähenden Blicke in die Runde gehen. Da gewahrte ich, daß sich – etwa zweihundert Schritte auf dem Hang unter mir – in den hohen und dichten Heidelbeerbüschen etwas bewegte. Ein Fuchs? Aber nein! Jetzt erkannte ich deutlich einen schwärzlichen Vogelkopf, der sich aus den Büschen hob und wieder untertauchte. Vielleicht ein Auerhahn, der die reifen Beeren äst? Ich nahm das Fernrohr auf, hatte aber mit dem Glas ein hartes Sehen, denn am Himmel erloschen schon die Farben, und es begann zu dämmern. Undeutlich, wie durch trüben Nebel, sah ich einen großen Vogel, der sich mit schwerfälligem Hüpfen durch die wirren Büsche schob. Ein Auerhahn? Nein! Denn der Auerhahn hüpft nicht wie ein Raubvogel, sondern schreitet. Wieder spähte ich durch das Glas, als mich der Jäger, der hinter mir in einem Felsloch kauerte, mit zischelnder Stimme anrief:

»Aber Herr Dokter! Sakradi! Wo schauen S' denn umeinander? Da drüben steht ja der Hirsch! Wannenbreit! So schießen S' doch! Er äugt schon rüber.«

In Erregung sah ich auf – und richtig, kaum hundert Schritte vor mir, klar abgehoben vom rötlichen Himmel, stand der Zwölfender frei auf dem Grat. Jetzt war der komische Vogel dort unten im Nu vergessen. Mein Schuß krachte. Mit einer hohen Flucht zeichnete der Hirsch den Blattschuß und brach nach wenigen Sätzen verendet zusammen. Mit fröhlichem Jauchzer sprang ich auf. Aber da hörte ich einen schwer klatschenden Flügelschlag. Und als ich über den Hang hinunterblickte, sah ich meinen ›Auerhahn‹, in einen ausgewachsenen Adler verwandelt, über die Büsche gegen den Waldsaum streichen. Wohl riß ich die Büchse an die Wange. Aber wo war der Adler? Mir standen Herz und Atem still, und der Jäger lachte über mein verdutztes Gesicht. Die Freude an dem erbeuteten Hirsch war mir gründlich verdorben. Ich fluchte in meinem Ärger.

»Gengen S', Herr Dokter«, tröstete mich der Jäger, »so ein Zufallsschuß hätt Ihnen gar net die richtige Freud gemacht! Ein Adler muß hart verdient sein, nachher erst freut er ein!«

Während der Jäger noch sprach, sah ich den Adler außer Schußweite über die Baumwipfel emporsteigen, und ruhigen Fluges schwebte der königliche Vogel über ein tiefes Waldtal hinweg und den kahlen Felsen zu. Trotz der sinkenden Dämmerung konnten wir noch gewahren, daß sich der Adler über der ›Aschenwand‹ auf eine dürre Zirbe niederließ. Und der Jäger sprach die Vermutung aus, daß der Adler dort oben wohl ein Stück Beute liegen hätte. Da war auch mein Entschluß gefaßt: Jetzt haben die Gemsen und Hirsche Ruhe vor mir, jetzt gilt es dem Adler!

Die Nacht verging mir in schlafloser Ungeduld. Früh am Morgen, ehe der Tag noch graute, stiegen wir von der Jagdhütte zur Aschenwand hinauf, und nach vierstündigem Suchen und Umherklettern fanden wir auf einem Vorsprung der Felswand ein abgestürztes Schaf, das der Adler schon zur Hälfte verspeist hatte. Die Stelle war für den Ansitz so ungünstig wie nur möglich – auf sichere Schußweite weder ein bequemer Ruheplatz noch eine Deckung. Mühsam schleppten wir ein paar buschige Latschenzweige in die Wand hinauf, klemmten sie in die Steinschrunden, und während mir der Jäger »Weidmannsheil!« wünschte und den Heimweg antrat, ließ ich mich, gedeckt von den Zweigen, auf einem Felsband nieder, so schmal und unbequem, daß mir das regungslose Sitzen schon nach der ersten Stunde zur Qual wurde. Der Himmel hatte sich bewölkt, ein nasser Guß um den andern ging über mich nieder. Dann wieder stach die Sonne wie mit Nadeln. Dazu dieses martervolle Sitzen mit baumelnden Füßen, der unbehagliche Blick in die Tiefe und der abscheuliche Geruch des verwesenden Schafes! Trotz dieser üblen Pein harrte ich in brennendem Jagdeifer bis zum Abend aus. Alle Glieder waren mir mürbe geworden, und auf dem langsamen Heimweg schmerzte mich jeder Schritt.

Ein Schlaf von wenigen Stunden, dann ging's wieder hinauf in die Aschenwand. Erfolglos vergingen mir so zwei weitere Tage. Ein paarmal sah ich wohl den Adler gemächlichen Fluges über die Felswand hinstreichen, doch außer Schußweite. Hatte mich sein Falkenauge in meinem Schlupf entdeckt? Oder hatte er an anderem Ort frische Beute gefunden, die ihm besser mundete als dieses übelduftende Schäflein? Meine Ausdauer ermüdete mit jeder Stunde, und ich begann am Erfolg zu zweifeln. Der vierte Morgen brachte wieder klares Wetter. Doch als ich bei erlöschendem Sternenschein mühselig zu meinem Versteck hinaufkrabbelte, wußte ich schon im voraus, daß ich bei der Erschöpfung meiner Knochen diesen vierten Tag nicht mehr überstehen würde. Solange der kühle Morgen währte und der

Schatten über der Felswand lag, ging es noch leidlich an. Als aber die Sonne zu brennen begann, kamen Stunden, deren Folter ich nicht zu schildern vermag. Wie kribbelnde Ameisen lief es mir durch die toten Glieder, und die Düfte des nahen Kadavers wurden unerträglich. Schließlich stumpfte wohl die Erschlaffung meine Geruchsnerven ab. Aber da begann nun der Kampf gegen den Schlaf. An solcher Stelle einzunikken, das ist eine bedenkliche Sache. Um mich wach zu halten, malte ich mir immer wieder mit allem Aufgebot meiner Phantasie das herrliche Bild aus, wie der Adler einherschwebt über die Felswand, wie er einen Augenblick mit ausgebreiteten Schwingen über seiner Beute verharrt, wie mein Schuß kracht und der mächtige Vogel mit gebrochenen Flügeln rauschend in die Tiefe stürzt! Diese Vorstellung brachte immer wieder mein Blut in Fluß, doch auf die Dauer konnte sie mir nicht helfen. Immer schwerer wurden meine Lider, und von der sengenden Hitze schwollen mir die Hände an wie gebratene Äpfel. Noch dazu mußte ich unter mir im Latschental bei jedem Blick den kleinen ›Stuibensee‹ gewahren, dessen kühle, kristallene Flut so verlockend winkte, daß mir vor Sehnsucht nach einem erfrischenden Bad das Wasser im Munde zusammenlief. Bis elf Uhr mittags hielt ich noch aus. Dann mußte ich hinunter, wenn ich nicht einschlafen und purzeln wollte.

Als ich am Fuß der Felswand anlangte, vermochte ich nicht mehr aufrecht zu gehen und konnte es kaum erwarten, bis ich den See erreichte. Am Ufer legte ich die Büchse nieder, schälte mich mit zitternden Händen aus meinen Kleidern und watete in das kalte Wasser. Wie das wohltat! Diese erquickende Frische! Neues Leben rieselte mir durch die lahmgewordenen Glieder. Ich konnte das Plätschern und Tauchen gar nicht satt bekommen. Da – als ich wieder einmal mit triefendem Kopf aus dem Wasser tauchte – vernahm ich über mir einen wehenden Flügelschlag. Erschrocken blickte ich auf. So nahe, daß ein Steinwurf ihn hätte erreichen können, sah ich den Adler über meine felsige Badewanne hinweg gegen die Aschenwand hinstreichen. Durch das aufspritzende Wasser sprang ich zu meiner Büchse – und schoß ein Loch ins Blaue. Pfeilschnell, mit einer eleganten Wendung, sauste der Adler über das Latschental hinunter, hob sich außer Schußweite wieder in die Lüfte, zog immer höhere Kreise und verschwand im sonnigen Blau auf Nimmerwiedersehen. Wie ich dastand, ein triefender Adam, mit der rauchenden Büchse in den Händen, und wie ich ratlos und trauernd dem verschwindenden Vogel nachblickte – das sollte man auf eine Scheibe malen! Ich müßte wohl selbst darüber lachen.

Aber allem Mißerfolg zum Trotz habe ich von jener viertägigen Adlerjagd doch eines mit nach Hause getragen, einen heiligen Respekt vor der zähen Ausdauer, dem tollkühnen Mut und der eisernen, alle Strapazen überwindenden Gesundheit jener Hochgebirgsschützen, die sich den Ehrennamen ›Adlerjäger‹ erwarben. Es gibt nicht viele, die diesen Namen mit Recht verdienen. Wem ein glücklicher Zufall bei der Gemspirsch den Schuß auf einen Adler bescherte oder wer ein paar

Adler im Eisen fing, der ist noch lange kein Adlerjäger. In früheren Jahren verdiente man sich diesen Namen leichter als heutzutage, wo diese gefiederten Räuber zum Glück für den aufblühenden Wildstand in unsern deutschen Bergen eine große Seltenheit geworden sind. Wenn man die Wirtschaftsrechnungen der Klöster Berchtesgaden, Tegernsee, Benediktbeuren und Ettal nachliest, findet man in den Schußlisten des 17. und 18. Jahrhunderts mehr Gemsgeier und Steinadler verzeichnet als Gemsen und Hirsche. Hans Duxner, von 1640 bis 1670 Klosterjäger in St. Bartholomä am Königssee, erlegte 127 Gemsgeier und eine noch größere Zahl von Steinadlern. Sein Nachfolger Urban Fürstmüller brachte neben 25 Bären in Gemeinschaft mit seinen beiden Söhnen 74 Geier zur Strecke.

Während der Gems- oder Lämmergeier, *Gypaëtos barbatus*, aus unseren Bergen vollständig verschwunden ist – der letzte wurde 1855 zu Königssee geschossen –, ist der Steinadler, *Aquila chrysëtos*, im ganzen bayerischen Alpenzug ein jährlich wiederkehrender Gast, wenn er auch nur ausnahmsweise noch in unseren Bergen horstet. Bei der Seltenheit dieses geflügelten Raubwildes muß der Jagderfolg, den der berühmteste Adlerjäger des bayerischen Hochlandes, Leo Dorn von Hindelang, mit unermüdlicher Ausdauer errang, als ein ganz beispielloser bezeichnet werden. Er hat schon vor vielen Jahren das Jubiläum seines fünfzigsten Adlers gefeiert.

Um als Adlerjäger solchen Erfolg zu erzielen, dazu gehört aber auch eine so glühende Liebe zum Weidwerk, eine so reiche Erfahrung als Jäger und eine so eiserne, allem Sturm und Wetter trotzende Gesundheit, wie sie Leo Dorn besitzt, der als Oberjäger das Allgäuer Jagdrevier des Prinzregenten von Bayern verwaltete. Dorn ist ein Mustertypus des prächtigen Menschenschlages unserer Berge: eine hohe, breitschultrige Gestalt, Glieder wie aus Stein geschnitten, sonnverbrannte Fäuste, die beim Handschlag die Finger des Grüßenden wie mit stählernen Schrauben umspannen, ein in gesunder Röte lachendes Gesicht mit schneeweißem Vollbart, mit scharf gekrümmter Hakennase und blitzenden Augen, deren jugendhellem Blick man die 70 Jahre nicht anmerkt, die Leo Dorn auf seinem breiten, ungebeugten Rücken trägt. Keck und lustig sitzt ihm auf dem weißen Zaushaar der kleine, verwitterte Filzhut, dessen aufgebogene Krempe von einer langen Adlerfeder durchstochen ist. Jahraus und jahrein, bei Schnee oder Hitze geht Leo Dorn in der gleichen leichten Lodenjoppe, in der kurzen Lederhose mit entblößten Knien. Und die Füße stecken nackt in den schweren Nagelschuhen. »Denn weißt, i bin soviel zartli* an die Füß«, versicherte er mir, »wollene Söckeln vertrag i nit, die beißen mi allweil gar soviel!« Wenn Leo Dorn von seinen Adlerjagden und ihren Strapazen erzählt – die meisten Adler erlegte er im strengen Winter, wenn metertiefer Schnee die Berge deckte –, dann mischt sich in sein Geplauder kein einziges Wort, das nach Latein und Übertreibung klingt. Knapp und ehrlich bleibt er bei

* verzärtelt, empfindlich

der Wahrheit und lächelt vergnügt zu dem Bericht der überstandenen Beschwerden, die auch in so schlichter, schmuckloser Schilderung dem Hörer ein kaltes Gruseln über den Rücken jagen. Man schaudert, aber man lacht auch oft und herzlich. Denn das ernsteste Abenteuer in den Bergen hat immer auch seine lustige Seite. Und der Allgäuer Dialekt, der die Diminutivform liebt, verleiht den Schilderungen Dorns zuweilen einen originellen Gegensatz zwischen Form und Inhalt, einen Anhauch von unwillkürlicher Komik. Es hört sich drollig an, wenn er die Erzählungen einer seiner gefährlichsten Adlerjagden mit den Worten beginnt: »Woltern o fests Schneele hat's gschniebe ghatt im selle Winter, und bis ans Brüstle rauf bin i allweil drin umeinandergstapfet. Aber wie i den Adler amal hon gsehe ghatt, hon i nimmer auslasse. Fleißi hon i umeinandergucket mit'm Spektivle, und wie i seine Weg amal hon ausspekuliert ghatt, hon i a Lämmle aufs Wändle naufgschleppet, und da hon i mir denkt: ›Wart, du Luedersvögele, jetz hock i mi aber eini in Schnee und bleib sitze, wenn mir au glei alle Knöchele wegfriere von die Händ!‹«

Ein Adler mit fingerlangen, dolchscharfen Waffen und mit dritthalb Meter Spannweite, in den Flügeln, deren Schlag einen Menschenarm zerbricht wie Glas – das heißt bei Leo Dorn ein ›Vögele‹. Da soll man nicht lachen, während einem das Gruseln durch alle ›Knöchele‹ rieselt!

Aber nicht nur heiteren Gewinn, auch weidmännischen Nutzen brachten mir die Plauderstunden mit dem Adlerjäger von Hindelang. Seine Erfahrung und der Bericht seiner Erlebnisse wurden mir eine nützliche Schule für jenen Tag, an dem ich mir selber den ersten Adler holte.

Als ich eines Tages auf dem Südhang des Wettersteins mit einem Arbeiter durch die Latschen kroch, um einen neu zu bebauenden Jagdsteig auszustecken, hört ich es plötzlich rauschen über mir, und als ich aufblickte, sah ich aus einer schattigen Kluft einen mächtigen Adler steigen und majestätisch hinsegeln über das Almfeld. Noch eh ich nach der Büchse greifen konnte, war er längst schon außer Schußweite. Ich konnte nur mit dem Fernrohr noch erkennen, daß der Adler ein Männchen war, braunschwarz mit silberweißer Haube.

Von dieser Stunde an waren alle anderen jagdlichen Sorgen und Wünsche in mir erloschen, und nur diesem Adler galt mein ganzes Jägerdenken. Jeden Morgen, vor dem Grauen des Tages, stieg ich zu den Wänden des Wettersteins hinauf und setzte mich in guter Dekkung bis zum Abend auf die Lauer. Manchmal wurde mir das Ausharren bitterschwer. Es war im Mai, und Sonnenschein wechselte mit Sturm und grimmiger Kälte, klarer Himmel mit Regenschauer und Schneefall. Eine Woche hindurch sah ich täglich, bald in den Vormittagsstunden und bald gegen Abend, den Adler aus der Ferne einherschweben, über die Wände streichen und in der Ferne wieder verschwinden. Manchmal stieß

*Jeden Morgen, vor dem Grauen des Tages, stieg ich zu den Wänden des Wettersteins hinauf.*

er auf ein Rudel Gemsen nieder, die in scheuer Flucht auseinanderstoben, ein andermal holte er sich ein Schneehuhn oder ein Häslein aus den Latschen. Er jagte wie im Spiel. Aber ich wollte ihm die Sache noch leichter machen. Die Methode Leo Dorns befolgend, ließ ich dem Adler auf der Höhe eines Joches ein ›Lämmle‹ als Köder auslegen. Ein paarmal sah ich den Adler hoch über der Kirrung in den Lüften kreisen, doch bevor er vertraut wurde, hatten die Kolkraben das Lamm bis auf die Knochen verspeist.

Eines Tages hatte der Adler Gesellschaft gefunden – ein Weibchen, wie mir mein Fernrohr zeigte. In zärtlichem Getändel kreisend, stiegen sie auf und nieder im Blau, bis sie in ziehenden Wolken meinem Blick entschwanden.

›Sie horsten!‹ Das war mein erster hoffnungsfreudiger Gedanke. Während der folgenden Tage sah ich das Männchen immer allein – also hatte das Weibchen, das schon beim Brutgeschäft war, nur einen Erholungsflug gemacht!

Nun wurde mit zähem Eifer die Suche nach dem Horst begonnen. Während ich bei diesem rastlosen Wandern und Spähen eines Nachmittags mit dem Fernrohr eine steile Felswand absuchte, hörte ich das erregte Gekrächz einer Rabenschar, welche die noch vom Schnee bedeckte Höhe eines Almbuckels umflatterte. Als ich mein Glas nach der Stelle richtete, sah ich das Adlermännchen auf dem Schnee sitzen. Ohne sich viel um das Gezänk der Raben zu kümmern, putzte der Adler seine Schwingen. Jetzt flog er auf, stieß in eine

Grube nieder und versuchte eine Last zu heben. Aber das gelang ihm nicht. Immer von neuem wiederholte er den Versuch und schleifte seine Beute, die ich mit dem Fernrohr als ein totes Gemskitz erkannt hatte, auf die Kuppe eines kleinen Hügels. Nun ein zorniger Griff, ein gewaltsamer Flügelschlag – und mit dem Kitz in den Fängen ruderte der Adler senkrecht in die Lüfte. Turmhoch war er schon emporgestiegen, als er die Beute wieder fallen ließ. Es hatte den ganzen Vormittag schwer geregnet, und die durchnäßten Schwingen hatten wohl nicht die Kraft, eine Last zu bewältigen, die sie sonst ohne Mühe tragen. Während die Raben dem fallenden Kitz bis auf die Erde nachsausten, ließ sich der Adler, ohne sich weiter um die entronnene Beute zu kümmern, zur Rast auf eine dürre Zirbe nieder und begann wieder sein Federkleid zu putzen. Wenige Minuten später fing es dick zu regnen an.

›Jetzt hält er aus! Im Regen streicht er nicht ab!‹ Mit diesem Gedanken machte ich mich flink auf die Beine, um durch die triefenden Latschen gegen die Höhe des Joches hinaufzuklettern. Der Weg nahm eine halbe Stunde in Anspruch. Es war ein abscheuliches Gekraxel. Und dazu immer die bange Sorge: ›Wird er aushalten?‹ So war ich dem Adler auf etwa dreihundert Schritte nahe gekommen, als der Regen versiegte und roter Sonnenschein durch die Wolken brach. Da begann ich zu klettern, daß mir der Atem ausging. Denn ich wußte, ein paar Minuten Sonne, und der Adler streicht davon. Nur hundert Schritte noch, nur fünfzig – dann erreicht ihn die Kugel!

Da steht vor mir ein Spielhahn aus den Latschen auf. Durch das wirre Netzwerk der Zweige seh ich, wie der Adler sausend von der Zirbe wegstreicht und im Flug den Spielhahn greift. Atemlos und erschöpft, von den dichten Latschen gefesselt, kann ich die Büchse nicht heben und muß es mit ohnmächtigem Grimm mit ansehen, wie der Adler mit der Beute, die ich ihm zugetrieben, über das Tal hinwegschwebt und hinter dem Grat der jenseitigen Felswände verschwindet.

Als ich bei sinkender Nacht todmüde und naß bis auf die Haut in das Jagdhaus zurückkehrte, erwartete mich die tröstende Botschaft eines Jägers: Der Horst ist gefunden! Meine erste Freude wurde aber bald wieder gedämpft. Denn der Horst lag in einer überhängenden Felswand, die ein Beikommen auf Schußweite nicht gestattete. Da blieb nur eines übrig: Die beiden Jungen, die aus dem weißen Flaum schon das braune Gefieder zu schieben begannen, mußten delogiert werden!

Das war eine harte Arbeit, aber sie gelang. An einem starken Glockenseil ging's vom Kamm der Felswand hinunter zum Horst, die beiden Jungen wurden ausgehoben und dann in der Nähe einer Stelle, zu der ein Zugang möglich war, in einem Felsloch untergebracht und mit guten Stricken angebunden, so daß sie bis zum Rand des Felsloches vorhüpfen, aber nicht über die Wand abstürzen konnten.

Während der Horst ausgenommen wurde, hatte sich keiner der alten Adler blicken lassen. Erst gegen Abend, als alle Arbeit schon getan und auf einer vorspringenden Felsplatte das dichte Versteck, das mich aufnehmen sollte, aus Latschenzweigen schon geflochten war, kam das alte Weibchen durch das Tal einhergeflogen. Als die Jungen beim Anblick der Mutter in ihrem neuen Quartier zu rufen begannen, machte der Adler im Flug eine jähe Schwenkung, stand ein paar Sekunden regungslos in der Luft, und dann strich er hastig davon.

Am nächsten Tage wurde die Horstwand vom gegenüberliegenden Berg aus beobachtet. Zweimal kam das alte Weibchen über die Wand entlanggestrichen, doch ohne sich dem geleerten Horst oder der neuen Behausung der schreienden Jungen zu nähern. Aber schon am folgenden Morgen ließen sich die beiden Alten gleichzeitig vor dem Felsloch auf eine Steinkante nieder, und am Abend brachte das Weibchen frischen Fraß für die Brut – einen jungen Dachs. Jetzt war es Zeit für die Jagd!

In der Nacht um zwei Uhr brach ich auf. Heller Sternenschein beleuchtete zur Genüge meinen Weg, und als der schöne Junimorgen zu grauen begann, lag ich schon in meinem Versteck, dessen kleiner Ausguck nach dem Felsloch gerichtet war. Einen sonderlich bequemen Aufenthalt bot das winzige Hüttlein auf der schmalen Felsplatte freilich nicht. Man konnte nur auf allen vieren kriechend zu dem Versteck gelangen, das ein aufrechtes Sitzen nicht erlaubte, nur ein ausgestrecktes Liegen auf dem Bauche. Von der unbequemen, durch keinen Wechsel gemilderten Lage wurden mir schon nach einer Stunde alle Knochen lahm. Dazu marterte mich, als die Sonne aufging, eine bratende Hitze, und Hunderte von Ameisen krochen ›emsig‹

über meinen Körper auf und nieder, um sich in alle Schlupfwinkel meines Gewandes zu verirren. Trotz dieser fast unerträglichen Pein hielt ich geduldig und erwartungsheiß sechs volle Stunden aus, immer mit dem schußbereiten Gewehr im Anschlag.

Schon wollten meine schwachgewordenen Kräfte zu Ende gehen, als plötzlich, ein Viertel nach zehn Uhr, die angebundenen Jungen zu rufen begannen, die Ankunft eines Alten verkündend. Wie elektrisiert hob ich die Büchse an die Wange. Der Schatten des Adlers huschte über die Felswand, und ich hörte den Vogel über meinem Versteck auf einem Baum aufhacken. Qualvolle Minuten vergingen, infolge der ausgestandenen Marter und der beginnenden Erschöpfung befiel ein heftiges Zittern meinen ganzen Körper, und ich glaubte schon, nicht länger mehr aushalten zu können. Aber da hörte ich das Rauschen der mächtigen Fittiche, abermals glitt der Schatten des gewaltigen Vogels über die Wand, und einige Sekunden später erschien der Adler, fast bewegungslos in der Luft schwebend, vor meinem Ausguck. Es war ein herrlicher Anblick, wie er die Schwingen hochstreckte und die Fänge vorschob, um sich lautlos auf die Steinkante vor dem Felsloch niederzulassen. In dem Augenblick, in dem er die Schwingen schloß und auch schon einen scharfen, mißtrauischen Blick gegen mein Versteck sandte, krachte mein Schuß. Und der Adler rollte von der Felskante in die Wand hinunter.

Man konnte nur angeseilt zu der Stelle gelangen, wo der Adler zwischen Gestein und Latschen in eine

Scharte gefallen war. Die linke Schwinge war ihm zerschmettert, doch er lebte noch und mußte einen Fangschuß erhalten. Es war das Weibchen – ein Adler von seltener Stärke und Größe, mit Schwingen, deren Spannung weit über zwei Meter maß.

Selten hab ich mir einen grünen Bruch mit solcher Weidmannsfreude auf den Hut gesteckt wie den Latschenbruch für diesen meinen ersten Adler.

## *Pfingstorakel*

Zwischen den unsichtbar wirkenden Kräften der uns umringenden Natur und den großen und kleinen Ereignissen unseres Lebens bestehen mysteriöse Zusammenhänge. Wir Intellektuellen bestreiten natürlich diese Wahrheit. Aber das Volk ist mit ihr vertraut, und ich habe da vorzeiten einmal was Sonderbares erlebt.

Genau dreißig Jahre ist es her. Ich hauste damals, ein Neunundzwanzigjähriger, als wilder Bergstürmer zu Königssee, am Fuße des Watzmann, beglückt durch eine Jagderlaubnis in den königlichen Leibgehegen von Berchtesgaden und Ramsau. Nicht nur ich, auch meine Büchse war halb irrsinnig vor Freude; ihre Kugeln flogen fast immer anders, als ich wollte.

Am Pfingstsonntag, als es tagen wollte, verpaßte ich auf dem Kleinen Watzmann einen Gockel mit den berühmten krummen Federn. Warum mich grämen? Ich hatte ein feines Vergnügen genossen, und der Spielhahn behielt sein lustiges Leben. Also war uns beiden gedient. Doch der Jäger, der mich führte, wurde sehr verdrießlich. Der Mann hieß Köppel, hatte unter schneeweißem Haar ein gesundes, faltenloses Jünglingsgesicht und war vierundsechzig Jahre alt. Er sagte: »Heut hätten S' treffen sollen! Fehlen am Pfingstsonntag? Dös zahlt sich a Jahr lang schlecht aus.«

Beim Niederstieg wollte ich aus meinem moosgrünen Juchtenetui eine Zigarette nehmen. Da kollerte ein nußgroßer Stein über die Wand herunter und schlug mir das Etui aus der Hand. Als ich es aufhob, sagte Köppel: »Dös Zigarettentaschl verlieren S' heuer noch!«

»Warum denn?«

»Weil's Ihnen heut aus der Hand g'fallen is. Am Pfingstsonntag befaßt sich der Heilige Geist mit der Weltordnung und tüpfelt alles aus, was in zweiafüfzg Wochen passieren muß. Dös Zigarettentaschl verlieren S'! Da verwett ich an Kirchturm gegen a Schachterl Stiefelwichs.«

»Köppel, du bist ein dummer Kerl!«

»Natürlich, d' Stadtleut sind allweil die G'scheidern. Warten wir's ab!«

Als wir zur Watzmannschneid hinüberkamen, wehte mir ein grober Windstoß den Hut davon.

»Na also«, sagte Köppel, »jetzt haben wir die heilige Dreizahl! A Spielhahn verpatzt, 's Zigarettentaschl aus der Hand g'schlagen und der Hut beim Teufel! Passen S' auf: wann Ihnen heuer was Unliebsames begegnet, kommt's allweil dreimal hintereinander.« Im gleichen Augenblick machte ich unfreiwillig eine kleine Rutschpartie. Und Köppel dozierte: »Heuer müssen S' fürsichtig sein! Sonst kunnt's ebba schiefgehn.«

»Man steht in Gottes Hand. Aber schau, lieber Köppel, ganz kann deine Weisheit nicht stimmen! Man kann doch nicht dreimal hintereinander den Hals brechen. Nach dem erstenmal unterläßt man die Wiederholung.«

Ernst warnte der Jäger: »Tun S' net spötteln! So was zahlt sich schlecht aus.«

Ohne weiteren Zwischenfall kamen wir – ich so hutlos wie ein Renaissancejüngling von heute – zum Königssee hinunter, der wie ein geschliffener Riesensmaragd zwischen den sonnbeglänzten Felswänden schimmerte.

Köppels Lehre vom Pfingstorakel, von den geheimnisvollen Zusammenhängen und der heiligen Dreizahl begann ihre Beweisfolge. An Bauerngeselchtem mit Sauerkraut und Schmalzkrapfen verdarb ich mir den Magen in sanitätswidrigem Grade und erlitt mit flinker Promptheit drei überaus peinvolle Katastrophen. Dann mußte ich in einer Woche dreimal zum Zahnarzt nach Berchtesgaden; es war sehr unangenehm; damals verstanden sich die Dentisten noch nicht auf schmerzlose Manipulationen; sie operierten mit Lachgas, das nur auf die Tränendrüsen wirkte. Als der Zahn plombiert war, schlug sich mein Mißgeschick auf die konträre Seite; innerhalb weniger Tage machte ich drei neue Lederhosen so gründlich kaputt, daß der Säckler beim Anblick der in Fetzen gegangenen Hosenböden sagte: »Da g'hört a Kunst dazu!« Es ist wahr, schon damals fühlte ich mich ein bißchen als Künstler – begann aber an meiner Begabung zu zweifeln, als mir eine Novelle, die ich in jener Zeit vollendete, hintereinander von drei Redaktionen abgelehnt wurde. Auch als Jäger bekam ich die mysteriösen Zusammenhänge empfindlich zu fühlen: in der zweiten Juniwoche verpatzte ich drei Rehböcke, zu Beginn der Feistzeit drei gute Hirsche. Diesen Pechferien gegenüber gewöhnte ich mir das nachdenkliche Sprichwort an: »Schau, schau, der Köppel!« Wahrhaftig, der heilige Pfingstgeist meinte es in diesem Jahre nicht gut mit mir! Und zu Ende des Hochsommers tobte sich sein dreifacher Unmut höchst bedrohlich gegen mich aus. Noch heute, wenn ich an jene drei Augusttage anno 1885 zurückdenke, gruselt mir ein bißchen. Es ist bestaunenswert, was das menschliche Leder auszuhalten vermag, auch ohne daß es vorher gegerbt wurde.

Eines Mittags, unter heißer Sonne, rannte ich mit der Büchse vom Königssee in die Ramsau, um hinter dem Wimbachtal, zwischen den Rauhköpfen, der Hundstodgrube und der Sigerethwand, auf Gemsen zu pirschen. Im Forstamt zu Ramsau mußte ich mir erst den führenden Jäger holen. Der war vor einer Stunde davongewandert, dorthin, wo ich pirschen wollte. Den herrlichen Abend versäumen? Nein! »Ein Stünderl? Das ist doch einzuholen!« Ich lief wie ein Dackl, der was gestohlen hat. Gegen fünf Uhr nachmittags erreichte ich – innerlich sehr trocken, äußerlich ausgiebig angefeuchtet – die Jagdhütte auf dem Trischiblkopf, zwischen dem Hundstod und dem Großen Watzmann. Die Hüttentüre war versperrt. Ich juchzte. Keine Antwort. Flink hinüber zur Almhütte, weil ich dachte: der

Jäger säuselt mit der Sennerin. Auch hier eine versperrte Türe! Nun kannte ich mich aus: Der Jäger hatte mit der Sennerin gemacht, was man als ›Ausflug‹ zu bezeichnen pflegt. Vor der Finsternis kamen die beiden nicht heim.

Also, um den Abend nicht zu vergeuden, eine Gemspirsch auf eigene Faust! Selbst ist der Mann. Ich stieg über die Rauhen Köpfe hinüber. Neben den von Latschengestrüpp überwucherten Felsbuckeln fiel eine tiefe Schlucht hinunter gegen das Wimbachtal. Drüben stieg die Rotleitenwand ins Blaue hinauf. Hoch droben, auf spärlichem Grasfleck, sah ich einen Gemsbock äsen. Der war anzupirschen, wenn ich von links die Schlucht umging und schräg in die Wand einstieg. Wie kam ich aber da nach glücklichem Schuß wieder herunter? Aufwärts, das geht. Doch zurück? In dem brüchigen Lehmgeschiefer fährt beim Niedersteigen aller Boden unter den Sohlen weg. Ein Rutsch, und durch die Schlucht geht's hinunter ins Wimbachtal. Aber – der Gemsbock lockte – und ich dachte nimmer an den warnenden Pfingstsonntag, nimmer an den klugen Köppel.

Mit dem Gucker suchte ich mir von der Stelle, auf der mein Gemsbock fallen mußte, einen feinen Rückweg aus: über ein langes, schmales Grasband zu einem Felsblock; da konnte man sich hinüberlupfen, dann auf besserem Boden zur Hundstodgrube und herunter.

Los: und ein bißchen flink! Der Abend begann schon rot zu werden. Hinauf! Das ging wie mit geölten Stiefeln. Einem Gemsbock entgegen – da hat man stählerne Stangen in den Knochen, hat Augen, die keine Gefahr sehen. Nun der Schuß! Wunderwoll rollte das Echo über die glutstrahlenden Wände des Watzmann hin. Aber mein Gemsbock fiel nicht. Der pfiff mir was, sauste durch die Rotleite davon, und ein Regen von Steinen prasselte an mir vorüber. Als ich keinen Bock mehr sah, verloren die Stahlstangen in meinen Knochen ein bißchen an Festigkeit. Das lange, schmale Grasband, über das ich meinen Rückweg suchen mußte, erreichte ich wohl. Aber der Felsblock, über den ich mich hinüberlupfen sollte und der sich von unten angesehen hatte wie ein tischhoher Brocken, war hier oben wie ein Haus. Da hinüber? Unmöglich. Ich mußte unten um den Fels herumsteigen. Und der Abend begann schon in allen Farben zu erblassen, fing geheimnisvoll zu dämmern an.

Bei jedem vorsichtigen Tritt, den ich machte, kollerte das Lehmgebröckel und das verwitterte Gestein davon. Um den Fels kam ich glücklich herum. Dann sperrte eine steile, dritthalb Meter breite Rinne meinen Weg, glatt ausgewaschen, so grad hinunterfahrend in die Schlucht, als hätte sie ein gewissenhafter Maurer nach der Schnur gezogen. Da durchsteigen? Das war sinnlos. Aber sitzen bleiben konnt' ich noch weniger. Der Abend dunkelte. Es war vermutlich ein sehr schöner, stimmungsreicher Abend. Näher betrachtet hab' ich ihn nicht.

Gleich beim ersten Schritt in die Rinne rutschten die Nägel aus. Ich konnte mich noch zurückwerfen und Halt finden. Mein Bergstock surrte davon. Das war eins von den unbehaglichsten Dingen, die ich in den

Bergen erlebt habe: dieses Klirren, Rasseln und Klingen des gleitenden Bergstockes hören zu müssen, bis er drunten lag in der Tiefe der Wimbachschlucht. Mir war, als hätte das eine Ewigkeit gedauert. Und ich mußte denken: »Wird's bei mir schneller gehen, weil ich schwerer bin – oder langsamer, weil ich ein paarmal hängenbleibe?«

Ich setzte mich auf den gutgeflickten Boden meiner Lederhose und schoß zwei Kugeln in die Luft. Vielleicht hörte das der Jäger und kam. Helfen konnte er nicht. Aber für alle Fälle, er wußte dann doch, wo ich lag.

Kein Laut, kein Schritt drunten, kein Jäger. Und die schattenseitigen Gehänge der Berge wurden schwarz im erlöschenden Abend.

Blieb ich sitzen, so riß es mich während der Nacht hinunter. Ich mußte den Sprung versuchen: zwei und einen halben Meter, ohne Anlauf. Erst warf ich die Büchse über die Rinne hinüber – sie blieb liegen – da drüben war guter, grasiger Boden. Dieser Glaube steifte mir die Knochen, und die heiße Sehnsucht, lebendig zu bleiben, half mir. Ich sprang. Um ein paar Spannen zu kurz. Die Schuhspitzen glitten aus, aber die Wucht des Sprunges schmiß meinen Oberkörper nach vorne, über den Bord des Grabens hinüber. Mit beiden Händen konnte ich einen Rasenschopf erwischen.

Als ich neben meiner Büchse saß, rauchte ich fünf Zigaretten, eine flink nach der anderen. Was ich dabei gedacht habe ...? Nichts. In solchen Minuten denkt man nicht. Man atmet nur wohlig auf und hat, ganz ohne

Gedanken, die verläßliche Empfindung, daß das Leben eine wundervolle Sache ist.

Das Weitere war noch Mühe, doch keine Gefahr mehr. Während ich in der sinkenden Dunkelheit durch die Hundstodgrube stolperte, vernahm ich rufende Stimmen. Zwei Jäger kamen: der Jagdgehilfe Jochner, der den ›Ausflug‹ mit der Sennerin gemacht hatte, und der Ramsauer Forstgehilfe Moderegger, den meine drei Schüsse aus dem Wimbachtal heraufgerufen.

In der Trischiblhütte gab's noch ein paar lustige Schwatzstunden. Dann schlief ich wie ein Klotz. Vor Tagesanbruch weckten mich die Jäger. Ich dachte an die heilige Dreizahl des Köppel und war ein bißchen mißtrauisch gegen den erwachenden Morgen. Aber das Mißtrauen hat eine lockende Schwester: die Neugier.

Wir drei stiegen zum Sigerethkopf hinauf. Der Forstgehilfe Moderegger blieb bei mir auf dem Wechsel sitzen, und Jochner sollte mir zwei Gemsböcke zudrükken, die wir auf den Schutthalden unter der Sigerethwand gewahrt hatten. Fein kamen sie heraufspaziert. Alle beide fielen im Feuer. Aber einer sprang wieder auf und sauste davon, natürlich der bessere. Die Suche nach ihm blieb erfolglos. Na also, heim! Ein Gemsbock ist auch was Nettes.

Beim Abstieg kamen wir zu einer Lawinengasse, die steil aus der Felswand herausstach und sich gegen das Trischibltal hinunter fächerförmig ausbreitete. Drunten, im Tal, da glänzte schon die rosige Sonne auf dem etwas verstaubten Weiß, doch hier oben bei uns war der alte, fest zusammengebackene Schnee noch blau, war im Frühschatten und bei der Höhenkühle des Morgens so hart und glatt wie poliertes Holz. Jochner, der den erlegten Gemsbock auf dem Rücken trug, prüfte den Schnee mit seinem Bergstock und schüttelte den Kopf: »A na! Da tät's heißen: bald Bock oben, bald Jochner oben! Lieber mach ich an Umweg.«

Ich mußte lachen über das drollige Bild, das der Jäger fürs Purzeln und Überschlagen gefunden hatte. Aber bergauf einen beschwerlichen Umweg machen! Mir lag ohnehin schon die Müdigkeit in allen Gelenken. Und wo wir standen, war die Lawinengasse keine zwanzig Schritte breit. »Ach, was!« Ich trat von der Felskante auf den abschüssigen Schnee hinaus.

»Mensch«, sagte der Forstgehilfe Moderegger, »da wird's *hail* sein.«

»Es geht schon.« Noch während ich redete, glitschte meine linke Sohle weg. Ich hörte hinter mir den Doppelschrei der beiden Jäger und sauste auf dem Rücken in ungemütlicher Schlittenfahrt über den steilen Schnee, der leeren Luft entgegen. Kein Schreck, kein bewußtloses Denken, nichts von der berühmten ›Bilderflucht in einer Lebensgefahr‹ – nur der Wunsch, mich zu halten und meine Büchse nicht zu verlieren; dazu eine tierisch instinktive Aufmerksamkeit. Obwohl die Fahrt immer schneller wurde, konnte ich mich ein paarmal auf die Seite rollen, um den aus dem Schnee herausstarrenden Felszacken zu entrinnen. Schwupp – jetzt ging's in die Luft hinaus. Ein stubenhohes Wändchen. Auf steilem Schnee ein nicht allzu grober Aufklatsch, gleich wieder das jagende Weggleiten, bei dem mir Hören und Sehen zu schwinden drohte, ein Purzelbaum ins Leere, und dann fuhr ich mit Büchse, Kopf und Schultern in den linden, von der Sonne schon aufgeweichten Talschnee hinein.

Eine Weile mag ich da wohl so gesteckt haben wie der umgedrehte Spargel in der Mayonnaise. Als ich mich herausgewackelt hatte, untersuchte ich mich sehr gewissenhaft. Alle Glieder gehorchten – nicht gern, aber doch –, ich sah kein richtiges Blut und fand nur ein paar harmlose Schürfwunden. Gesicht und Ohren brannten mir wie Feuer, an acht Fingern waren die Nägel abgebrochen, nur an den beiden Daumen waren sie noch ganz – und, Gott sei Dank, auch die vom Pfingstorakel bedrohte Zigarettentasche aus moosfarbenem Juchten hatte ich noch in der Brusttasche, mit sehr viel Schnee dabei.

Es dauerte sechs oder sieben Zigaretten lang, bis die beiden Jäger von ihrem Unweg herunterkamen. Jochner, mit dem Gemsbock auf dem Rücken, lachte ein bißchen boshaft, und der Forstgehilfe Moderegger sagte grob: »Mensch, Sie haben mehr Glück als Verstand!« Ich faßte das nicht als Beleidigung auf, nahm es nur als Konstatierung einer unbestreitbaren Tatsache.

In der Trischiblhütte entdeckten wir noch, daß die beiden Läufe meiner Büchse von den Patronen bis zur Mündung so dick und fest mit Schnee vollgepfropft waren, daß wir ihn mit dem Putzstock nicht herausstochern konnten. Wir mußten das Gewehr auf den warmen Ofen legen. Da schmolz der Schnee. In meinen Ohren war er schon auf dem Heimweg geschmolzen.

Nach der Mahlzeit schlief ich von nachmittags zwei Uhr bis zum andern Morgen um neun Uhr.

Alle Neugier war mir vergangen. Nur geschwisterloses Mißtrauen erfüllte mich. »Noch eine Gemspirsch? Am dritten Tage? Nicht um die Welt! Jetzt wird das Pfingstorakel und die verteufelte Dreizahl des Köppel wissenschaftlich widerlegt! Mit allem Scharfsinn menschlicher Energie! Jetzt wird heimgegangen, auf geradem Weg, auf dem glatten, einen Meter breiten, völlig ungefährlichen Steig! Von diesem Steig wird kein Schritt nach rechts oder links gemacht – und wenn auf dem Watzmann auch ein Elefant mit goldenen Zähnen stünde. Mein noch ungebrochener Hals ist mir lieber!«

Sanft und freundlich schien die Mittagssonne auf mich und meinen absolut verläßlichen Steig herunter, als ich heimwanderte über das Steilgehänge eines wundervollen Hochtales, mit dessen Schönheitszauber der unbegreifliche Name ›Saugasse‹ empörend kontrastierte.

Drüben zeichnete sich der Watzmann ins sonnige Blau hinein, mit seinen Felsmärchen und dem Filigran seiner Schneeflecke. In der Tiefe, diese – sagen wir: Schweinchenmulde, die im August einem grünen Frühling glich. Und bei mir herüben die prachtvolle, mit den letzten Alpenrosen und den ersten Edelweißsternen gesprenkelte Sigerethwand, die rechts vom Steige in Stufen aufwärts kletterte und links davon fast senkrecht hinunterfiel in das schöne Tal mit dem sehr zu mißbilligenden Namen. Dicke Latschenknorren, die unterhalb des Steiges aus den Steinschründen heraus wucherten, umwoben den Absturz mit einem schwarzgrünen Schleier.

Plötzlich, bei schauendem Schlendern, klangen mir zwei lustige Stimmen ins Ohr, aus der Tiefe des Tales herauf. Ich guckte mit dem Glas hinunter. Ein grüner Grenzaufseher und eine runde Sennerin, rot und blau und weiß gesprenkelt. Das Mädel lachte laut und wich immer flink auf die Seite, wodurch der Grenzaufseher bei mir in den Verdacht geriet, daß er zwickte und im Widerspruch mit seinem Beruf die zulässige Grenze zu überschreiten gedachte. Schon wollte ich eine loyale Warnung hinunterrufen –

Da raschelt's unter dem Steige in der Wand. Ein Gemsbock, den das Pärchen da drunten munter machte, hupft über den Weg herauf, äugt mich verwundert an und verschwindet zwanzig Schritte vor mir in einer Felsklamm. Ich reiße die Büchse vom Rücken, spähe und lausche – senkrecht über meinem Kopfe taucht der gehörnte Schädel des Bockes neugierig über eine Wandstufe heraus – da kracht mein Schuß – mit so affenartiger Geschwindigkeit, daß ich den Seitensprung nimmer fertigbringe, kommt der Gemsbock in einem Salto mortale über die Wand herunter und läßt mir seine dreißig Kilo Sommergewicht auf die Schulter plumpsen. Es schlägt mir die Büchse aus den Händen, und wir beide, der Bock und ich, machen einen Purzelbaum

*Alle beide bleiben wir an dem gleichen Latschenknorren hängen.*

über diesen ›völlig ungefährlichen‹ Steig hinaus. Alle beide bleiben wir an dem gleichen Latschenknorren hängen, ich mit Armen und Bauchbeuge, neben mir der Bock mit den Haken des Gehörns. Seine heftig zappelnden Läufe wie meine eigenen Beine schweben im Leeren. Ach, Allmächtiger! Wenn das gottvermaledeite Vieh noch lange so weiterzappelt, wirft es mich über den Ast hinunter – und dann kommt das Halsbrechen, das ich nicht mehr zu wiederholen brauche!

Es verrannen zehn Sekunden, in denen mir die Haare zu Berge standen und die Gestalt des guten, klugen Köppel vor meinen gläsernen Augen sich auswuchs zu einem grauenhaften Dämon. In der Kraft meiner Verzweiflung schlug ich ein Bein über den Ast herauf, klammerte mich mit der Linken in das zähe Gezweig, riß mit der Rechten das Messer heraus und stach ein dutzendmal wie irrsinnig zu.

Der Gemsbock segnete das Zeitliche. Ganz ruhig wurde der Ast. Langsam und vorsichtig zerrte ich mich auf den Steig hinauf.

Seit damals bin ich der Überzeugung, daß gefährliche Wege und gefahrlose Pfade ohne Unterschied die gleiche Sache sind.

Mit einer Schlinge meiner Rucksackleine angelte ich den Gemsbock aus der Staude heraus. Dann saß ich zwischen den ersten Edelweißsternen und rauchte mit Hochgenuß meine letzte Zigarette.

Der Grenzaufseher und die Sennerin waren in dem Tal mit dem ominösen Namen verschwunden; ich hörte sie nimmer lachen.

Aber ich lachte. ›Schau, schau, der Köppel!‹

Und das Pfingstorakel! Und die ›heilige‹ Dreizahl! Und die mysteriösen Zusammenhänge! Es ist was dran.

Das heißt – ganz kann die Sache doch nicht stimmen. Denn mein Zigarettenetui aus moosgrünem Juchten hab' ich nie verloren – weil ich es einige Tage später dem Köppel schenkte. Oder hab' ich mich durch dieses freiwillige Opfer aus dem dunklen Machtbereiche des Pfingstorakels erlöst?

Nicht nur das gefährliche Pfingstjahr 1885/86 ging freundlich und ohne beklagenswerten Schaden zu Ende. Auch während der folgenden dreißig Jahre gaben mir die Berge niemals wieder soviel des Unliebsamen zu erleben wie damals in drei kurzen Tagen.

Jetzt bin ich wohl auch ein bißchen vorsichtiger. Man wächst eben langsam in die Zeit hinein, wo der Verstand größer wird, als das Glück zu sein pflegt.

Der frühere Zustand war mir lieber. Wenn es manchmal auch ein bißchen gefährlich aussah! Man überstand es. Und dann lachte man darüber.

## *Der tote Wald*

Den Morgen und Vormittag hatte ich dazu verwendet, alle Sehenswürdigkeiten, die das kleine Städtchen innerhalb seiner Mauern zu bieten wußte, getreulich nach dem Reisehandbuch zu bestaunen. Der Nachmittag aber sollte der Anregung geopfert werden, die mein rotlivrierter Cicerone mir durch die Bemerkung zuführte: »Weitaus das Interessanteste, was die Stadt ihrem Besucher zu zeigen hat, ist der eine halbe Stunde vor dem Tor gelegene sogenannte ›tote Wald‹, ein durch Sturm und Brand verwüstetes Gehölz.«

Die langweilige Stunde der Table d'hôte war vorüber, der Schwarze mit Gemächlichkeit genommen und die schlimmste Glut des heißen Sommertages in einem kleinen Mittagsschläfchen übertaucht. Die brennende Zigarre im Munde, den grauen Schattenspender nachlässig geschultert, so wanderte ich zum Tor hinaus. Zwischen blumigen Wiesen und reifenden Kornfeldern schlängelte sich die Straße mit ihrer Allee von krüppelhaften Obstbäumen dahin. Graue Wolkenschatten huschten gespenstergleich über den Staub der Straße und machten mich immer wieder zum Himmel aufblikken. Ein Gewitter schien im Anzug, doch ich meinte, daß es wohl schwerlich vor dem späten Abend niedergehen würde.

Ein von Unkraut überwucherter Seitenweg, der einst eine wohlgepflegte Fahrstraße gewesen sein mochte, lenkte zwischen die Äcker und umkreiste einen von wirrem Buschwerk bestandenen Hügel. Als ich denselben umschritten hatte, lag eine breite Talmulde vor mir geöffnet, welche sich in langsamer Steigung gegen die Ferne erhob und auch zu beiden Seiten mit sanfter Hebung gegen den Kamm zweier langgestreckter Hügelreihen emporstieg, so daß sich meinen Augen eine stundenweite Rundschau bot. Und dieses ganze weite Land war ›toter Wald‹. Einem Weinberg, spät nach der Lese – noch stehen die Rebstangen, aber das Weinlaub ist zertreten, von Menschenhänden und vom Herbstwind niedergerissen, von Unkraut durchwachsen –, solch einem Weinberg, nur ins Riesenhafte vergrößert, glich dieser Wald auf den ersten Blick. Ein Wirbelsturm von grauenhafter Gewalt mußte vor Jahren über dieses Waldgehänge hinweggefahren sein. Die mächtigen Fichtenbäume waren nicht an der Wurzel gebrochen und umgestürzt, sondern in halber Manneshöhe abgedreht, als wären sie für die Kraft des kreisenden Sturmes nadeldünne Späne gewesen. Und diese kahlen Stümpfe standen zu Hunderttausenden bis in weite Ferne – gleichsam als graue, verwitterte Kreuze auf den zahllosen Gräbern der vom Sturme hingemordeten Kinder des Waldes. Nur an wenigen Bäumen war die Vernichtung barmherzig vorübergegangen – aber sie standen nun mit gelben Nadeln, dürr bis in den Wipfel. Die Milliarden von Rüsselkäfern, welche unter den Rinden der zerschmetterten Bäume gewachsen sein mußten, diese winzigen Totengräber des Waldes, sie hatten im Übereifer auch die Rinde und das Mark der wenigen Überlebenden zerfressen.

Der Anblick dieser furchtbaren Zerstörung wirkte unsagbar schmerzvoll und herzbeklemmend, er wirkte fast wie ein Griff an die Kehle. Man spürte ein Grauen vor all den unheimlichen Mächten, die hier gewaltet, und hätte am liebsten die wüste Stätte fliehen mögen – und dennoch wieder zog das Mitleid den Wanderer näher, der gerne geweint hätte über die Fülle blühender Natur, die hier zugrunde gegangen.

Weshalb hatte sich aber da die helfende, praktische Hand des Menschen nicht betätigt? Wie konnte inmitten eines Kulturlandes, in welchem jeder Holzspan seinen Geldwert hat, dieses Bild der Verwüstung lange Jahre überdauern? Weshalb nur hatte man die gebrochenen Stämme faulen und vermodern lassen, statt sie zu verarbeiten und zu verwerten – weshalb nur hatte man diese weiten Flächen, in deren Erde das bare Gold vergraben lag, von all dem Wuste nicht gesäubert und aufs neue wieder aufgeforstet?

Kopfschüttelnd legte ich mir diese Fragen vor, während ich mich mit zögernden Schritten dem Saum des toten Waldes näherte.

Ein leises Knacken machte mich aufblicken, und als ich der Richtung des eigentümlichen Geräusches folgte, gewahrte ich einen Mann mit dunklem, struppigem

Bart. Unter einem wilden Rosenbusche saß er am Waldsaum im hohen Heidegras. Mit dem Lappen, der neben ihm lag, hatte er wohl das Gewehr geputzt, das er quer über dem Schoße hielt und an welchem er nun die Spannkraft der Hähne prüfte. Er mochte wohl ein Jagdaufseher oder Waldhüter sein, obwohl ich weder an seinem mürben Filzhut noch an seiner verwitterten Joppe irgendein Abzeichen bemerken konnte. Auch schien sich dieser Bursche, dem ich auf den ersten Blick etwa fünfzig Jahre gab, nicht sonderlich zu pflegen; sein Aussehen war im ganzen ein recht verwildertes. Sein Gewehr aber, das konnte ich im Nähertreten erkennen, war eine fein gearbeitete, kostbare Waffe.

Ich wollte ihm jene Fragen vorlegen, die meine Gedanken beschäftigten. Doch bevor ich ihn erreichte, hörte er meinen Schritt, blickte hastig auf, runzelte die buschigen Brauen und erhob sich. Für meinen Gruß hatte er nicht einmal ein leises Kopfnicken zum Dank. Er schob den schmutzigen Lappen in die Tasche, warf das blitzende Gewehr hinter den Rücken und wandte sich zum Gehen, wobei mich seine unstet flackernden Augen mit einem feindseligen Blicke streiften.

Der edle Schnitt des Gesichtes hatte mich befremdet – doch waren die Züge schon zerstört, und wie mir schien, weit mehr durch Leidenschaften als durch Strapazen. Auch in seiner Haltung und seinem Gang war etwas Vornehmes, Herrisches.

*Ein leises Knacken machte mich aufblicken . . .*

Ich schaute ihm nach, bis er hinter dem wuchernden Dorngestrüpp verschwunden war; dann kehrte ich auf das Sträßchen zurück und betrat den Wald. Hier, aus der Nähe betrachtet, milderte sich einigermaßen das Bild der Verwüstung. Der weite Ausblick fehlte, und somit auch die Vorstellung des ganzen, gewaltigen Zerstörungswerkes. Die ragenden, morschen Stümpfe sahen sich in der Nähe wohl nicht weniger traurig an, aber man sah nun auch den grünen, zierlich geblätterten Efeu, der die trockenen Wurzeln umspann, man sah die blühenden Brombeergebüsche, welche ihren zitternden Schatten über die auf der Erde modernden Stämme warfen, die üppigen Farnkräuter, das von Schlinggewächsen aller Art durchzogene, saftiggrüne Moos und die niederen, zu kleinen Dickungen aneinandergerückten Bäumchen: das aus dem Tode neu ersprießende Leben. Die zahllosen violetten Dolden der Wohlmutblume erfüllten die schwülen Lüfte mit einem schweren, bedrückenden Duft. Nirgends ließ sich das Lied eines gefiederten Sängers vernehmen. Nur das emsige Ticken und Tacken der kleinen Baumläufer hörte man, die an den grauen Baumstümpfen Jagd machten auf die Larven des Rüsselkäfers – und manchmal klang, bald näher, bald wieder ferner, der langgezogene Ruf eines Hohlspechtes, anzuhören wie die seufzende Klage einer in den toten Wald gebannten Seele.

Diese schwermütige Stimmung der Landschaft schlich sich mit eigenartiger Beklemmung in mein Herz. Dazu kam noch, daß ich bald neben, bald hinter mir das Geräusch gedämpfter, schleichender Tritte oder ein leises Rascheln im Gebüsch zu hören vermeinte. Einmal wurde dieses Rascheln so deutlich, daß ich mich umwandte und mit lauter Stimme in den Wald hineinrief: »Ist jemand hier?«

Ein verschwommenes Echo gab mir Antwort von allen Seiten – aber in dieses Echo mischte sich ein halbunterdrücktes, häßliches Gekicher und das Geräusch enteilender Schritte.

Da hatte sich wohl ein Beerensammler mit mir einen Spaß gemacht – denn dem ernsten, fast unheimlichen Manne von da draußen vermochte ich solch einen kindlichen Scherz nicht zuzutrauen.

Ärgerlich schritt ich weiter. Eine halbe Stunde mochte ich so gewandert sein, als der tote Wald um mich her ein noch seltsameres Ansehen gewann. Der bunte, malerische Untergrund verschwand vollständig; nur spärlicher Gras- und Kräuterwuchs zeigte sich auf dem Boden, der von einer verwitterten Aschen- und Rußschicht überkrustet war, aus welcher die gebrochenen Baumstümpfe als halbverkohlte Säulen emporragten.

Weiter und weiter schritt ich, bis der Weg auf einen öden Platz einlenkte, der einst von einem eisernen Gitter umzogen war; die stürzenden Bäume hatten es zerschlagen, der Rost die Stangen zerfressen. Inmitten des Platzes erhoben sich die Brandruinen eines villenartigen Gebäudes. Nur einen Teil des Erdgeschosses hatten die Flammen verschont, und hier schien auch noch ein Eckzimmer bewohnt, dessen Fenster offenstanden und einen Teil der weißen, mit zahlreichen Rehgehörnen bedeckten Wände gewahren ließen. Ich wollte nähertreten, aber aus irgendeinem Mauerloche kam ein großer, fuchsroter Hund auf mich zugefahren, mit gefletschten Zähnen und so wütendem Gekläff, daß ich die Vorsicht als das bessere Teil der Tapferkeit erkannte.

Aber ein schleuniger Rückzug schien mir auch noch aus anderem Grunde geraten. In die Betrachtung der seltsamen Landschaft vertieft, hatte ich nicht gewahrt, wie das drohende Gewitter mit finsteren Wolken schon über den Himmel emporgezogen war. Da schritt ich nun tüchtig aus, wenngleich ich nicht hoffen durfte, das Stadttor noch trocken zu erreichen. Die Hälfte des Waldweges hatte ich zurückgelegt, als es plötzlich mir zur Rechten in den niederen Tannenbüschen rauschte. Ein Rehbock setzte in langen Fluchten über den Weg – unwillkürlich hob ich den geschlossenen Schattenspender gleich einer Flinte an die Wange – im gleichen Augenblick aber krachte hinter mir ein Schuß, das Tier überschlug sich, und mit zuckenden Läufen blieb es am Wegrand liegen. Als ich mit verdutzten Augen mich umblickte, sah ich jenen sonderbaren Gesellen inmitten der Straße stehen. Er ging an mir vorüber, ein grinsendes Lächeln auf den Lippen, packte das verendete Tier am Gehörn und schleifte es hinter sich her ins Dickicht. Und da hörte ich nun wieder jenes halb unterdrückte, häßliche Gekicher – und zugleich den ersten, dumpf rollenden Donnerschlag. Nun trieb's mich in Eile heimwärts – über mir das Gewitter, hinter mir die unheimliche Nähe dieses Menschen.

Die Luft wurde finster, ein pfeifender Wind zog über das Gehäng hernieder, und immer dichter ballte sich das treibende, gärende Gewölk. Das war erst die richtige Luftstimmung für den ›toten Wald‹ – sahen doch die in der Ferne aufsteigenden Wolken sich an, als wären sie Qualm und Rauch, aufwirbelnd von einer Brandstätte, in die ein Blitzstrahl von neuem die zündende Fackel geworfen.

Bald fielen die ersten Tropfen, und als ich meine Herberge erreichte, rann das Wasser von meinen Kleidern. Doch ein Viertelstündchen später saß ich schon trocken in dem gemütlichen Herrenstübchen hinter dem Tisch, und an meiner Seite saß der freundliche, plauderlustige Wirt.

Und was er mir auf meine Fragen erzählte? Ich hätte ein kleines Buch zu schreiben, wollt' ich die Geschichte mit all der Umständlichkeit berichten, mit der ich sie zu hören bekam.

Zwanzig Jahre mag es her sein. Damals gehörte das schmucke Landgut, durch dessen Äcker und Wiesen ich bei meinem Spaziergang zum ›toten Wald‹ gekommen war, dem Freiherrn Roderich von Klingen. Der edle Freiherr hatte eine an Manie grenzende Leidenschaft für die Jagd. Über dieser Leidenschaft vernachlässigte er die Wirtschaft auf seinem Gut – und seine junge, hübsche Frau. Diese tröstete sich schließlich mit einem anderen, und eines Tages war sie verschwunden – natürlich auch der andere. Als der Freiherr an jenem Abend von der Jagd nach Hause kehrte und diese Nachricht zu hören bekam, sagte er kein Wort. Aber die Büchse schoß er auf das Ölbild seines Weibes ab – just an der Stelle des Herzens schlug die Kugel in die Leinwand ein. Wenige Wochen später verkaufte er sein Gut. Nur seinen Wald behielt er, kaufte alle angrenzenden Gehölze dazu und baute sich inmitten des Reviers sein Jagdhaus. Nun strich er Tag und Nacht mit der Flinte im Wald umher, inzwischen bestahlen ihn seine Diener und Jäger, seine Mittel erschöpften sich, und schließlich bildete der Erlös seiner Jagdbeute den ganzen Unterhalt seines Lebens. Dennoch war er nicht zu bewegen, auch nur einen einzigen Baum in seinem Walde fällen zu lassen – er wollte sein geliebtes Jagdgehege nicht schädigen. Aber sein Verhängnis war stärker als sein Wille und seine Leidenschaft. Der letzte seiner Jäger, den er mit Schlägen aus dem Hause gejagt, setzte ihm den roten Hahn auf das Dach, der Brand ergriff den Wald, und was die Flammen verschonten, zerstörte ein Wirbelsturm.

Seit jener Zeit, so erzählte mein Wirt, hause der Freiherr einsam in der Ruine seines Jagdschlößchens, halbgestörten Geistes, und er hätte für nichts anderes Sinn als für die Jagd auf das spärliche Wild, das jene Sturmnacht überdauert und in dem zerstörten Gehölz sich noch zu halten vermöchte. Kein Beerenpflücker, kein Holzsammler dürfe den ›toten Wald‹ betreten. Die Verwandten des Freiherrn hätten schon allerlei Versuche gemacht, den ›Betteljäger‹ in das Irrenhaus zu spedieren; aber so närrisch wäre er noch immer nicht, daß ihnen dieses wohlgemeinte Werk verwandtschaftlicher Liebe hätte gelingen können. In der Umgegend aber, besonders bei den Bauern, wären die abenteuerlichsten Gerüchte über den ›Betteljäger‹ im Umlauf. Man erzähle sich, daß es im toten Walde nicht geheuer wäre. Viele Leute hätten den festen Glauben, daß der Freiherr damals in den Flammen umgekommen und der ›Betteljäger‹ nichts anderes wäre als das ›umgehende‹ Gespenst des Verbrannten.

## *Egidius Trumpf, der Urmensch*

Das war sein wirklicher Name: Egidius Trumpf. Wenn ihr's nicht glauben wollt, so könnt ihr im Lenggrieser Kirchbuch nachschlagen. Da muß sich der Name finden. Ihr sollt auch wissen, in welchem Jahrgang. Um das Jahr achtzig lernte ich den Gidi kennen. Damals zählte er ein paar Jährchen über die Dreißig. Also muß seine Taufe ungefähr um das Revolutionsjahr im Lenggrieser Kirchbuch verzeichnet stehen. Das war auch just die richtige Zeit, um solch ein brausköpfiges Menschenexemplar in die Welt zu setzen. Sein Vater war wohl einer von denen, die damals nach freier Jagd schrien und nicht erst lange warteten, bis sie von oben herab bewilligt wurde. Aber dieser Vater hieß *nicht* Trumpf, sondern anders. Den Zunamen hatte der Gidi von seiner Mutter. Und zu dem Übernamen, ›der Urmensch‹, kam er als neunzehnjähriger Bursch. Damals war der Gidi ein Holzknecht – aber nur von sechs Uhr morgens bis sechs Uhr abends. Wenn die Sonne hinuntertauchen wollte, warf der Gidi die Axt aus der Hand und holte die unter Moos und Streu versteckte Büchse hervor. Fünf Minuten nach sechs Uhr abends war der

Holzknecht schon in einen Wildschützen verwandelt und blieb es bis sechs Uhr morgens.

Wenn er dann am Sonntag aus dem Bergwald hinunterkam in die Kirche, schlief er sich aus. Und um das recht gründlich besorgen zu können, hatte er sich mit mancherlei Listen das sicherste Plätzchen in der ganzen Kirche erobert: dicht unter dem Kanzelboden. Beim Knien und Sitzen war da gerade so viel Raum, als der Gidi brauchte. Doch wenn er stehen sollte, mußte er ein ›Hockerl‹ machen, um sein Haardach vor unangenehmen Berührungen mit den Stuckschnörkeln des Kanzelbodens zu behüten. Das war nun freilich nicht ›kamod‹. Aber das enge Plätzchen hatte den Vorteil, daß der hochwürdige Herr bei der Predigt nicht sehen konnte, wie sanft der Gidi unter dem Schutz des Kanzelbodens schlummerte.

Und da war es um den ›Wastelstag‹. Und in der Sonntagspredigt schilderte der Hochwürdige das grausame Martyrium des heiligen Sebastian und malte den von Pfeilen durchspickten Leib des frommen Dulders mit so viel roter Farbe, daß allen gutherzigen Weibsleuten vor Erbarmen die Augen zu tröpfeln begannen.

»Nücht wahr, ühr chrüstkläubigen Zuhärer, wenn wür gewöhnlichen Mänschen uns nur mit einer kleunen Nadel stächen, empfünden wür schon den unanchönähmsten Schmörz. Und nun dänket euch hundert spützige, scharfe Pfeule . . .«

Der Hochwürdige, dem das Hochdeutsch eine schweißtreibende Mühe verursachte, ließ in der Schilderung des Martyriums eine Pause eintreten und spähte mit gerunzelter Stirn über alle Betstühle hin, als hätte er irgend etwas Verdächtiges vernommen.

»Hundert spützige, scharfe Pfeule! Und dänket euch, wie diese haidnischen Werchzeuche den schmörzhaften Leub durchpohren . . .«

Abermals verstummte der Prediger. Und wie der Hochwürdige, so hörten auch alle Andächtigen in der Kirche ein lautes Schnarchen, das bei jedem Zuge mit kräftigem Gerassel einsetzte, um dann wohlig zu verhauchen.

»Wer schlofffft denn da scho wieda?« Bei dem dreifachen ›fff‹ dieser Frage schlug der Pfarrer in gerechtem Zorn mit der Faust auf das Kanzelgesimse.

Egidius Trumpf erwachte, sprang erschrocken von der Sitzbank auf – und da gab's ein heftiges Gerappel und Gekrache. Denn der Gidi hatte mit seinem Haardach nicht nur die Stuckschnörkel der Kanzelkonsole gründlich beseitigt, sondern das gesunde Eisenköpfl auch noch zur Hälfte durch den Bretterboden gestoßen. Der geistliche Herr, dem der feste Standpunkt etwas erschüttert war, klammerte sich im ersten Schreck mit beiden Händen an das Kanzelgesimse; dann guckte er, unter dem Gekicher aller Andächtigen, durch das aufgesträubte Bretterloch auf den von weißem Kalkstaub überpuderten Gidi hinunter und sagte: »Egüdius, du büst ein . . . ein Urmensch!«

Dieser Übername blieb dem Gidi.

Ein Jahr nach dieser Kalktaufe wurde er Soldat und begann seine militärische Laufbahn mit einer Woche Dunkelarrest. Da hatte ihn ein Landsmann am Rekrutierungstage zu München ins ›Ewige Licht‹ geführt, in jene berüchtigte Soldatenkneipe auf dem Marienplatz. Hier traf er mit einem Kürassier zusammen, der die selbstbewußte Meinung äußerte: »Mi sauft sobald net oaner hi!« Solch eine stolze Rede vertrug sich nicht mit dem Ehrgeiz des Egidius Trumpf. Er schlug zur Wette einen Kronentaler auf die Tischplatte und schrie: »Geh her, du Lauser, bal di traust!« Natürlich traute sich der Kürassier. Um zehn Uhr vormittags begannen die beiden Kampfhähne dieses sinnlose Schlucken, und gegen sechs Uhr abends lag der Kürassier unter dem Tisch. Gidi sackte die beiden Kronentaler ein, und während die Unparteiischen dem stillen Reitersmann den Geldbeutel aus der rotgestreiften Hose zogen, um die verlorene Zeche zu bezahlen, erklärte der Gidi: »Sakra, so viel Bier, dös macht oan dürsti!« Sprach's – und faßte mit beiden Händen den unter dem Bierfaß stehenden Tropfganter – und schluckte das seit dem Morgen angesammelte Tropfbier mit samt den hundert ertrunkenen Fliegen glatt hinunter in seine heißgewordene Seele. Er fand noch auf eigenen Füßen den Weg zur Kaserne. Den Kürassier mußten sie heimtragen. Der brauchte dann vier Wochen, bis er den bösen Katzenjammer los wurde, und wäre dabei schier draufgegangen. Eine Untersuchung wurde eingeleitet, und der Urmensch mußte eine Woche dunkel brummen. Noch zwölf Jahre später, als er mir die Geschichte erzählte, geriet er über diese ›Ungerechtigkeit‹ in einen brüllenden Zorn: »Da rumpelst an so an Krippenreiter oni, der nix vertragt, und nachher spirren s' di acht Täg lang ein! *Guat* schaugt s' aus, dö irdische Grechtigkeit! Pfui Teufel! Da durft unser Herrgott scho bald wieder amal aufmischen.«

Als Gefreiter machte Egidius Trumpf den Feldzug in Frankreich mit und holte sich vor dem Feinde das eiserne Kreuz und den Militärverdienstorden. Von diesem Feldzuge erzählte er gerne. Aber eine Geschichte des deutsch-französischen Krieges hätte man nach diesen Schilderungen nicht schreiben dürfen. Von Tapferkeit und ähnlichen Dingen pflegte der Gidi nie zu reden. Was von dieser Heldenzeit in seinem Gedächtnis geblieben war, das drehte sich um vermauerte, mit Scharfsinn ausgespürte Weinkeller, um ›mudelsaubere Franzeesinna‹ und geprügelte Zuaven. Schade, daß man dieses Wort – Zuaven – nicht niederschreiben kann, wie es der Gidi aussprach. Wenn er das auf die Zunge nahm, da sah man gleich etwas Ungeheuerliches, etwas wunderlich Groteskes und unglaublich Komisches. Man mußte schon lachen, bevor der Gidi seine Geschichte noch begann.

Was der Urmensch damals in Frankreich trieb, das nennt man mit einem Terminus der heutigen Kaffeehausphilosophie: sich ausleben! Und es hatte nichts Unwahrscheinliches, wenn man aus seinen Erzählungen den Schluß zog, daß die Französinnen in den Quartierdörfern diesem übermütigen Kraftkerl nachrannten wie die neugierigen Kinder dem Bärentreiber. Wenn der Gidi erzählte, übertrieb er nur im Ausdruck. In der Sache selbst blieb er sicher bei der Wahrheit. Und man durfte ihm glauben, wenn er der Meinung war, daß er anno 70 und 71 zum Ausgleich der feindlichen Rassen ein Wesentliches beigetragen hätte. Doch für den sinngetreuen Bericht der Abenteuer, die Egidius Trumpf in Frankreich erlebte, hat die Literatur, die modernste nicht ausgenommen, eine geeignete Kunstform noch nicht entdeckt. Drum muß ich die einschlägigen Heldentaten des Gidi mit Schweigen übergehen – bis auf eine. Die will ich erzählen, auch auf die Gefahr hin, daß sie den Gidi für euer Urteil in eine falsche Beleuchtung rückt. Doch ihn selbst darf ich dabei nicht schwatzen lassen. Da würde was Schönes herauskommen! Lieber beschränke ich mich auf ein trockenes Referat.

Die lebendige Mauer war um Paris gezogen. Und das Regiment, bei dem der Gidi stand, lag irgendwo vorne dran. Nun war es um die Zeit, in der man zu Paris schon die Ratten nach ihrem Nahrungswert zu schätzen begann. Da kamen um die Dämmerung und in der Nacht zuweilen allerlei scheue Gestalten zwischen den Pariser Vorwerken herausgeschlichen, um von den deutschen Vorposten einen Bissen Brot zu erbetteln. Mit Worten konnte man sich nicht verständigen. Aber diese typische Bewegung der Hand nach dem Munde, dieser Faustdruck auf den hohlen Magen und dieser heiße Sehnsuchtsblick war leicht zu deuten. Auch für den Egidius Trumpf. Der hat da wohl zu Dutzenden Malen seinen Brotsack ausgeleert. Bei seiner haarigen Wildheit war der Urmensch immer ein guter Kerl. Aber nicht nur Hungrige kamen da herausgeschlichen. Es stellten sich bei der Vorpostenkette auch findige und unternehmungslustige Pariser Dämchen ein, mit deren praktischer Gewinnfreude sich der Deutschenhaß recht gut vertrug. Solch einen Besuch erhielt Egidius Trumpf eines grauen Morgens, als er auf Vorposten stand. Und während die Pariserin und der Lenggrieser sich über politische und nationale Gegensätze verständigten, hörte der Urmensch immer etwas klappern und klingen.

Im Gidi regte sich die Neugier. Und seine tastende Klaue greift an dem Rock der Pariserin eine Tasche, die schwer ist von Geld. Und da hat der Urmensch einen seiner ›lustigen‹ Einfälle. Ganz heimlich holt er sein Messer heraus und macht einen flinken Schnitt. Und als die freundliche Pariserin mit einem schelmischen ›*Au revoir, monsieur!*‹ davonhuscht, klappert und klingt es nicht mehr. Was da geklungen und geklappert hatte, das blieb im grauen Erwachen des Tages bei Egidius Trumpf zurück.

Als der Urmensch diese Geschichte beim Herdfeuer in der Jagdhütte erzählte, regte sich in mir die Moral des Kulturmenschen.

»Aber! Gidi!«

»Was, aber? Is lauter boarisch Geld gwesen!« Dazu lachte der Urmensch, daß unter seinem schwarzen Bart die weißen Zähne blinkten. Und die kleinen Falkenaugen blitzten in der Freude des Erinnerns.

So muß sich ein Fuchs freuen, der im Pfarrhof ein Perlhuhn gestohlen hat. Und da soll nun der Pfarrer oder seine Köchin kommen und dem Füchslein predigen, daß man so was nicht tun sollte. Der Fuchs würde wohl genauso dreingucken wie der Egidius Trumpf bei meinem »Aber!«

Ich weiß nicht, was ihr nach dieser Geschichte vom Urmenschen halten werdet. Denkt ihr schlecht von ihm, so bekommt sein Gesicht eine Linie, die es im Leben nicht hatte. Und vergeßt nur nicht, daß er trotz allem einer von den knochenfesten Jungen war, die uns damals siegen halfen. Ich kann mir vorstellen, wie er feuerte und mit dem Kolben drosch! Und ich mag mir denken, daß sich jene kluge Pariserin lachend mit dem Sprichwort tröstete: ›*C'est la guerre!*‹

Nach dem Friedensschluß verwandelte sich der Gefreite Egidius Trumpf in einen Floßknecht. Und wenn er nicht die langen Wasserstiefel trug, dann machte seine wachsende Jagdpassion alle um Lenggries gelegenen Reviere unsicher. Daß der Gidi ›ging‹, das wußten alle Jäger. Aber sie erwischten ihn nie. Um diesen Jagdschaden loszuwerden, gab es kein anderes Mittel, als den Gidi zum Jäger zu machen. Im Jahr 1876 wurde er königlicher Jagdgehilfe in der Wartei Fall. Und da erwies sich an ihm die Hypnose des ehrlichen Berufes. Der Urmensch färbte sich über Nacht in der Haut. Ein so rassiger Wildschütz er bisher gewesen, so ein rassiger Jäger wurde er jetzt. Dennoch merkte er, daß sich beim Jagdpersonal das Mißtrauen gegen ihn nicht völlig beschwichtigen wollte. Das ärgerte den Gidi. Und mit Sehnsucht harrte er auf eine Gelegenheit, bei der er sich im königlichen Dienste auszeichnen könnte. Doch so fleißig er auch bei Tag und Nacht auf den Beinen war – das ersehnte Stündl, in dem der Egidius Trumpf einmal auftrumpfen wollte, stellte sich nicht ein. Die Lenggrieser Wilddiebe wußten: der kennt unsere Schliche. Und drum verschonten sie das Revier des Gidi mit ihrem Besuch. Nun dachte sich der Gidi: »Da muaß i wildern, anderst geht's net!« Und in einer milchigen Mondnacht fing er über der Grenze drüben, im Revier des Herzogs von Koburg, einen Tiroler Wildschützen. Den lieferte er aber nicht in der Hinterriß beim Koburgischen Wildmeister ab, sondern trug ihn, wie einen Hirsch zusammengeschnürt, auf dem Rücken über die Grenze ins Bayerische herüber und die drei Stunden hinunter nach Fall. Damit hatte der Urmensch ein Novum in der Geschichte der Jägerei geschaffen: daß man nicht nur auf Wild, sondern auch auf Wilderer wildern kann.

Natürlich saß der Gidi jetzt warm im Vertrauen seiner Vorgesetzten. Aber der Gewaltstreich hatte mancherlei Folgen. Da saß der Urmensch ein paar Wochen später zu Vorderriß in der Leutstube. Am Nachbartische zechten ein paar Tiroler Holzknechte. Die spöttelten ein bißchen, schwatzten aber sonst ganz lustig und ›verträuli‹ mit dem Jäger. Doch als sie sich erhoben, um sich nach der Marende wieder an die Arbeit zu machen, trat einer von ihnen auf den Gidi zu, holte eine Handvoll frischgegossener Zinnkugeln aus dem Hosensack heraus, hielt sie dem Jäger vor die Nase und sagte lachend, als gält' es einen Scherz: »Schaug on, Jager, do isch die deinig auch derbei!«

»So? Moanst?« Es blinkerte dem Urmenschen in den Augen. »Die wöll waar's denn nachher?«

»Konscht d'r oane aussuachen!«

Gidi wählte lange, bis er sich für eine tadellos gegossene Kugel entschied. »Dö da!« sagte er kichernd. »Dö gfallet mer am besten!«

»So mach a Kreizl drauf, woascht, daß es koa Verwechslung geit!«

Immer lustig, den ›Spaß‹ völlig verstehend, kritzelte Gidi mit dem Knicker ein kleines Kreuzl auf die Zinnkugel; und während er sie in die Hand des Tirolers zurücklegte, gab er ihm noch lachend den Rat: »Gelt, halt fei guat hin! Daß d' mi net ebba saihst!«

Der Tiroler schob die Kugeln wieder in den Hosensack und stapfte zur Türe hinaus.

Noch ehe die folgende Woche vergangen war, wurde in der Gegend der Hinterriß ein Mensch vermißt. Das war aber nicht der Gidi. Der war kreuzgesund, tat in Ruhe seinen Dienst und guckte in den Wirtsstuben neugierig drein, wenn von dem vermißten Tiroler die Rede war.

Später erzählte man zwischen Lenggries und Mittenwald, daß der Trumpf-Gidi an seinem Hals ein seidenes Schnürchen mit einer Zinnkugel trüge, wie andere am Hals einen geweihten Muttergottespfennig tragen. Aber dieses Gerede war Unsinn. Ich habe mit dem Gidi ein Jahr lang gejagt. Dabei hatte er immer, Sommer und Winter, das Hemd an der haarigen Brust weit offen. Doch ein seidenes Schnürchen hab ich nie an seinem Hals gesehen. Wahrheit ist nur das eine: daß es immer zu bösen Prügeleien kam, wenn der Urmensch in den Wirtsstuben mit Tirolern zusammentraf. Seine Vorgesetzten mußten ihm einschärfen: sich auch im

Wirtshaus daran zu erinnern, daß er ein königlicher ›Biamter‹ wäre, der seiner Würde nichts vergeben dürfe. Wie sehr sich der Urmensch diese Warnung zu Herzen nahm, das konnte ich späterhin mit eigenen Augen gewahren.

Im Sommer 1880 lernte ich den Gidi kennen. Da war ich, zu Anfang des August, seit einigen Tagen als Jagdgast in Fall. Doch ich hatte nur immer mit dem Förster gejagt. Eines Abends, als wir von der Pirsch heimkehrten, sah es nach schlechtem Wetter aus. Den Regentag, der da zu erwarten stand, wollte ich benützen, um mich wieder einmal auszuschlafen. Aber früh um acht Uhr, als ich erwachte, glänzte der schönste blaue Himmel durch die Scheiben herein. Mit einem gesunden Jägerfluche fuhr ich aus dem Bett und riß das Fenster auf. Ein Morgen war's, der das Blut zittern und die Seele dürsten machte. Und drüben, über den Wiesen der Dürrach, auf einem sonnbeglänzten Graslahner des nahen Jägerberges schimmert ein roter Fleck. Hochwild? So spät am Morgen noch bei der Äsung? Unmöglich! Das muß was anderes sein! Flink wird das Fernrohr vom Zapfenbrett geholt, aufgezogen und gerichtet. Wie Feuer fährt mir's in die Glieder. Da drüben steht ein Hirsch! Und ein Fetzenkerl! Ein Vierzehnender!

Meiner Lebtag bin ich nie so flink in die Hose gekommen wie damals. Und im Saus über die Stiege hinunter. Aber der Förster ist nicht daheim. Jesus, Maria! »Und keiner von den Jägern?«

»Ah woll, Herr Dokter! Grad is der Urmensch einitrappt in d' Jagerstuben.«

Ich hatte den Urmenschen noch nie gesehen, wußte nur, daß er Jagdgehilf war, und kannte seinen Namen.

Wie ein Narr fuhr ich zur Haustür hinaus und rannte um die Ecke, wo die Jägerstube lag.

»Trumpf! Trumpf! Trumpf!!«

Der Gidi kam aus der Tür gesprungen. Aber da hatte ich keine Zeit, mir den Urmenschen anzusehen. Ich sah nur den Hirsch da drüben. Und schwatzte und deutete.

»Mar' und Josef! Hat *der* a paar Stangen droben!« Um das zu sehen, brauchte der Gidi kein Fernrohr. Der sah's mit freien Augen, obwohl es bis zu dem Lahner, auf dem der Hirsch weidete, etwa zwölfhundert Meter hinüber war.

Im Laufschritt sausten wir, jeder mit der Büchse in der Hand, über die Wiesen. Dann mit Keuchen das steile Gehänge hinauf, gedeckt durch einen Waldstreif. Immer zitterte die Angst in mir, daß der Hirsch nicht aushielte. Und als wir auf zweihundert Gänge vor dem Lahner waren, ohne den Hirsch zu sehen, begann mich das Fieber zu beuteln.

»Schnaufen S' aus!« zischelte der Urmensch. »Lassen S' Eahna derweil! Der Hirsch is no da.«

»Woher weißt du denn das?«

»Schmecken tuar i's. Geht ja der Wind grad her! Haben S' denn koa Nasen net?« Der Gidi schnupperte. »Dämpfen tuat 'r in der Sunn!«

Für einen Augenblick kühlte mir die Verblüffung den schwülen Blutschlag des Hirschfiebers. War das ein Mensch? Oder ein Jagdhund.

Und richtig – als ich über den Waldgrat hinüberguckte, stand der Hirsch noch mitten auf dem Lahner. Hatte aber das Haupt schon aufgeworfen. Und als ich die Büchse hob, sah er den Sonnenblitz auf dem Lauf und sauste mit langen Fluchten davon. Der Schuß krachte.

»*Hat* 'n scho!« schrie der Urmensch. »A bißl hoach haben S' 'n derwuschen. Glei weard's 'n reißßßn.«

Drüben im Buchenwald ein Gepolter und Gekrache – da rollte der Hirsch durch den steilen Wald hinunter und zerschlug mit Geweih und Läufen die Zweige. In meiner Freude begann ich ein sinnloses Rennen – damals war ich vier Wochen über die Fünfundzwanzig – und immer tiefer ging's, immer hinter dem Hirsch her. Doch erst auf der Wiese erreichte ich ihn. Da saß er am Waldsaum, mit entzweigeschossenem Rückgrat, ein leises Zittern in den aufgestemmten Vorderläufen. Er machte keinen Versuch mehr, sich vom Fleck zu rühren, sondern sah mich mit stolzen, blutunterlaufenen Lichtern an. Aber was dieser Blick in mir erweckte, ging nur wie ein flüchtiger Nebel durch meinen Verstand. Es war mein erster Hirsch! Und die Freude war wie Irrsinn in meinem Blut. Wie soll man da denken oder beobachten, oder den Vorwurf empfinden, daß man eine schöne Lebensform zerstört? Mir fiel nichts anderes ein, als den Jägersieg dieses Morgens voll zu machen und dem Hirsch mit dem Messer den Fang zu geben. Die Klinge blitzte in der Sonne, und während ich mit der Rechten ausholte zum Stoß, faßte ich mit der Linken den Hirsch am Geweih.

Da brüllte im Wald eine Stimme: »Sakrament no

amal! Die Pratzen davon!« Aber im gleichen Augenblick verging mir Hören und Sehen – solch einen Purzelbaum ließ mich der Hirsch über seine Stangen machen. Im Dusel hörte ich noch den Hall eines Schusses. Und als ich mich wieder ermunterte und meine Knochen langsam aus dem Gras zusammenklaubte, lag der Hirsch verendet im Schatten einer Buche, und der Gidi stand vor mir und brüllte in heißem Zorn: »Sie Narrenschüppel! Da können S' von Glück sagen, daß Eahna der Hirsch die stadtischen Darm net auslassen hat! Wia ko ma denn an Hirsch, der dö halbete Kraft no hat, so mir nix dir nix angreifen! Sakrament no amal! Und i waar nachher verantwortle gwesen. Himmel Herrgott Sakrament no amal! Daß d' Leut aber allweil jagern müassen, bal s' koan Dunst net haben davon!«

Ich schnaufte. Der ›edle Weidmannsstolz‹ dieses Morgens war mir gründlich beschnitten. Den Schmerz, der mir in allen Gelenken brannte, verbiß ich wohl. Aber zu einem Laut des Widerspruches schwang ich mich doch nicht auf, sondern guckte nur immer den Urmenschen an, der sich die Galle aus der Leber schimpfte. Und so im Zorn mußte man ihn sehen! Da sah er viel schöner aus, als wenn er gemütlich lachte.

Er war nicht groß, fast unter dem Mittelmaß. Aber Beine hatte er wie Säulen und Arme wie Dreschflegel. Und wenn er den Arm bog oder beim Gehen die Knie so hart durchdrückte, hatte man immer die Vorstellung: das sind eiserne Scharniere mit fest angezogenen Schrauben. Die Schultern waren unverhältnismäßig breit und wuchtig. Zu diesen Schultern hätte ein

Mensch gehört, um einen Bauernschuh noch größer als der Gidi. Die Brust, an der das Hemd immer offen stand, war bis an die Halsgrube herauf ganz schwarz behaart. Kegelförmig strammten sich aus den Schultern die dicken Sehnen gegen den Hals hinauf, der den kleinen, flinkbeweglichen Kopf trug, umwustet vom schwarzen Ringelhaar. Und der schwarze Vollbart, der lang und starr über die Brust herausstand, hatte etwas Stilisiertes, etwas Altpersisches. Ganz merkwürdig war das anzusehen, wie diese harte, schwarze Bartflamme bei der hurtigen Beweglichkeit des kleinen Kopfes hin und her flog.

Wenn der Gidi bei guter Laune war, trug er den mürbverwitterten zwiebelgelben Filzhut mit der Adlerfeder immer tief in die Stirn gerückt. Und da sah man unter dem schwarzen Haargewirr nicht viel von seinem Gesicht. Eine schmale, scharfe Nase mit ungewöhnlich beweglichen Nüstern stach heraus, im Schatten der Hutkrempe funkelten die kleinen, huschenden Augen ganz winzig, und beim Lachen blinkten die starken Zähne weiß aus dieser Schwärze. War aber der Urmensch wütend – wie damals vor meinem Hirsch – dann trug er den Hut übers Haar zurückgeschoben, die Stirne war kreidebleich, ein Netz von bläulich geschwollenen Adern zog sich über jede Schläfe hinauf, die erweiterten Augen blitzten wie polierter Stahl, auf den Wangen brannte die Haut unter dem Ansatz des Bartes wie Scharlach, und in seiner Stimme – so laut er auch brüllte – zitterte immer etwas unheimlich Versunkenes.

Bei dem viereckigen Mißverhältnis zwischen Breite und Länge war der Gidi alles andere eher als das, was man einen schmucken Kerl zu nennen pflegt. Doch wenn ihm die Galle kochte, wurde er schön durch die Wildheit seines Zornes und durch das Wuchtige seiner Kraft.

Damals, auf der Wiese unter dem Jägerberg, verschlug's mir die Sprache. Und ich guckte den Gidi immer an. Der wurde erst ruhiger, als er mir auf grünem Bruch die schönen Granen des Hirsches hinbot.

Gegen 10 Uhr lag meine Beute schon in der Zwirchkammer. Und um den Urmenschen wieder gemütlich zu stimmen, ließ ich im Wirtshaus einen Eimer Bier auflegen. Der war um 5 Uhr abends leergetrunken. Wir rechneten nach: der Förster, der Wirt, die Tochter und der Sohn des Wirtes, ein Grenzaufseher und ich, wir hatten zusammen – ganz ehrlich gerechnet – 33 Maß getrunken. Was zum Eimer noch fehlte – 27 bayerische Maß – hatte der Gidi für sich allein geschluckt. Da war er nun freilich gemütlich geworden. Aber um sechs Uhr lud er seinen schweren Rucksack mit dem Wochenproviant auf den Buckel und stieg noch die drei Stunden zur Lärchkogelhütte hinauf.

Dann hab ich den ganzen Sommer und Herbst mit ihm gejagt, bis Ende November. Und was ich von ihm zu erzählen hätte, würde ein Buch füllen. Aber ich will aus dem Guglhupf dieses Kraftlebens nur ein paar Weinbeeren herausbohren.

Wir kamen da eines Vormittags von der Pirsch zurück und saßen im Wirtsgarten, der keinen Zaun hatte, aber zur Hälfte umzogen war von einer Mauer aus Scheitholz, das mannshoch für den Winter aufgeklaftert stand. Und während wir da beim Krug sitzen, kommt ein Tiroler Teppichhändler mit seinem Kasten, ein baumlanger, schwarzzottiger Patron. Dem zwinkert was in den Augen, als er den Gidi sieht. Doch er setzt sich zu uns an den Tisch, tut zuerst dreckfreundlich, fängt aber dann zu spötteln an, redet von Zinnkugeln und ›Kkreizln‹ und gerät in Wut, weil der Urmensch so ruhig bleibt, als wäre der Tiroler Luft für ihn. Doch weil der Teppichhändler seine bedenklichen Späße immer dicker auflegt, guckt ihn der Gidi an und sagt: »Halt 's Maul, du Lackl! I bin a Biamter, daß d' es woaßt!«

»Wos bischt?« Dann kam eine Aufforderung, die ihr in Goethes Berlichingen nachlesen könnt.

Der Gidi lacht. So was griff ihm nicht an die Ehre. »Gelt, Luader, möchst di wieder einschmoacheln?«

Diesem Lachen gegenüber verliert der Teppichhändler die Besinnung. Er packt seinen Krug und schüttet dem Urmenschen das Bier ins Gesicht.

Da steht der Gidi auf, schiebt den triefenden Hut zurück, und an seinen Schläfen erscheint jenes bläuliche Netz. »Sakrament no amal!« Mit beiden Fäusten will er zugreifen. Aber da schüttelt er den Kopf und brüllt: »Na, Brüaderl! Ah na!« Er schleudert den Hut ins Gras, reißt die Joppe herunter, nimmt einen Anlauf und springt wie verrückt ein dutzendmal über das aufgeklafterte Scheitholz hin und her, so lange, bis ihm der Atem zu keuchen beginnt. Dann stemmt er sich mit dem Rücken gegen die schwere Holzmauer, bläst und keucht und schiebt und drückt, bis die ganze Scheiterbeuge mit Gerassel über den Haufen purzelt, »So, Brüaderl, jetzt bin i grecht für di!« Nun packt er den Teppichhändler, wirft ihn zu Boden und drischt so grob auf ihn los, daß der Wirt, die Wirtin, der Hausknecht und die Wirtstochter gerannt kommen und mit Kreischen zu wehren beginnen. Ich helfe mit, und wie wir den schnaubenden Urmenschen endlich hinter dem Tisch haben, steht der Teppichhändler mit kreidebleichem Gesicht vom Boden auf, hebt den bunten Kasten auf seinen Rücken und macht sich schweigsam auf die Wanderung.

»Mensch!« sag' ich zum Gidi. »Hast du den Verstand verloren?«

Und die Wirtin zetert: »Jessas, Jessas, die ganze Scheiterbeug hat 'r mer aussidruckt! Dös Uuurviech!«

Aber der Gidi, weil er den Teppichhändler nimmer sieht, ist schon wieder ganz ruhig und sagt: »Macht nix! I klafter 's Holz scho wieder auf! Woaßt, z'earst hab i mer d' Wuat a wengl abküahlen müassen. Sunst hätt i dem Kerl am End no ebbes toan! Und da hätt i wieder a Nasen vom Forstamt kriagt: daß i mi net als Biamter betragen hab.« Dann sieht er den Tisch an, auf dem eine Lache schwimmt. »Schad ums Bier!« Und geht auf die umgeschmissene Holzmauer zu und beginnt gemütlich die Scheite aufzuklaftern. –

*»So, Brüaderl, jetzt bin i grecht für di!«*

Ein andermal, da wanderten wir am Morgen durch das Kotzental herunter nach Fall. Aus diesem Waldtal steigt eine schneidige Bergrippe, der Scharfreitergrat, steil und hoch ins Blau hinauf, wie nach der Schnur gezogen.

Unter der Hypnose dieses Namens – Scharfreitergrat – und wie einem manchmal etwas Sinnloses durch den Verstand fährt, sag ich zum Gidi: »Wenn da einer auffireiten tät auf der Lederhosen, dem zahlet ich gleich ein paar Maß Bier!«

»Was?« schreit der Urmensch. »Zahlst es?« Er wirft sein Jagdzeug ins Gras, Hut und Joppe dazu, schwingt sich rittlings auf die Steinrippe, fängt zu rutschen an – und reitet, reitet und reitet, bis er da droben für mein Auge so klein wurde wie ein Floh.

Sechs geschlagene Stunden mußte ich warten, bis der Urmensch wieder kam. Und zu Fall im Wirtshaus mußte ich die vier Maß Bier bezahlen – denn der Gidi behauptete: ›ein paar‹, das wären höchstens fünfe, aber mindestens drei. Und da ging ich den Mittelweg.

Ende August hausten wir miteinander in der Lärchkogelhütte. Der Proviant war uns ausgegangen, und der Träger wollte noch immer nicht kommen. Im Zustand des Hungers pflegen die Grenzen zwischen mein und dein zu verschwimmen – und so vergriffen wir uns an ärarialischem Eigentum, indem wir einem Gemsbock, den ich erlegt hatte, zwei handgroße Wildbretstücke von der Innenseite der Schlegel wegstibitzten. Und der Urmensch, der sich nicht übel aufs Kochen verstand, machte sechs ›Karminadln‹ draus. Viere verspeisten wir; die zwei übrigen kamen ins Kellerloch, um am folgenden Morgen als Frühstück zu dienen. In der Nacht aber kam der Träger mit dem Proviant. Eine Woche später, als wir eines Nachmittags vor dem Abmarsch die Hütte saubermachten, hör' ich im Kellerloch den Gidi schreien: »Da san ja no dö zwoa Karminadln!« Auf dem Holzteller bringt er sie hergetragen. Sie waren von gutgenährten Maden ganz lebendig.

»Pfui Teufel! Hinaus!«

»Ah wos! Is no allweil a Fleisch. Da waar oft oaner froh drum.« Sprach's, wickelte die ›Karminadln‹ mitsamt ihrem fetten Leben schmunzelnd in ein Zeitungsblatt und ging aus der Stube.

Am Abend, als schon die blaue Dämmerung um die Berge träumte, kamen wir auf dem Heimweg an einer Hüterhütte vorüber, durch deren lückiges Balkenwerk ein roter Schein herausglostete.

»Schaugn mer eini!« sagt der Gidi. »Da kon i an der Gluat mei Pfeifl ankenten!«

Wir traten in die Hütte. Und wo Kohlen glühen, setzt man sich gerne nieder. So saßen wir und schwatzten. In der dunklen Ecke hinter dem Herd war etwas Haariges und Plumpes, das sich träg bewegte und mit dem Atem rasselte wie ein Bär im Winterschlaf.

Da sagte der Gidi: »Hansl? Mogst a Fleisch?«

»Ah woll! So ebbes mog i allweil!« klang es aus der dunklen Ecke.

Der Urmensch nahm aus seinem Rucksack ein in Zeitungspapier gewickeltes Packerl.

Ich begriff – der Ekel schüttelte und jagte mich – aber die Neugier hielt mich fest; ich wollte den Moment nicht versäumen, in dem der Gidi den Dank seiner schenkenden Barmherzigkeit an den Kopf bekäme.

In aller Gemütsruhe, ganz ernst, begann der Urmensch die Lebensgeschichte eines Gemsbockes zu erzählen, den er im verwichenen Herbst unter dem ›Luderer Gwänd‹ erlegt hatte. Dabei raschelte in der dunklen Ecke das Zeitungspapier. Und während der Gidi erzählt, wie der Bock die Gais zu treiben begann, sagt der Hansl: »Herrgott! Is dös aber mürb! Dös laaft oam ferm über d' Finger abi.«

»Gelt, Mannderl? So ebbes Guats hast im Leben no nia derwuschen?«

»Na!«

Und der Gidi erzählt: »No also, und wia der Bock die Goaß so unter der Wand hin treibt, und in fünf Minuten dreimal stellt . . .«

Aus der dunklen Ecke hörte man immer wieder ein leises Knacken, wie wenn ein Bub auf grüne Stachelbeeren beißt. Und dann frägt der Hansl: »Was muaß denn dös sein, was i da allweil derbeiß?«

»Woaßt, da san Weinberln drin.«

»Gelt, ja! Hab mer's aa scho denkt. Weil's gar so süaßelet.«

Mit einem Sprung fuhr ich zur Hütte hinaus.

Als mir der Gidi nach einer Weile in der Dunkelheit nachkam, sagte er: »Schaugn S', so ko ma oft oam Menschen a Freid machen! Freili hat alls seine zwoa Seiten. Aber bal oaner bloß die guate siecht . . .«

Eines Nachmittags, in den schwülsten Hundstagen, lagen wir in der Jagdhütte auf dem Heukreister und hielten Siesta. Die Glut des Tages und die Mucken quälten uns – Mucken von allerlei Arten.

»Du, Gidi!«

»Was?«

»Weiß du, das ist ja wunderschön . . . die Jagd, so den ganzen Sommer . . . aber manchmal möchte man doch ein bisserl Abwechslung haben.«

Er verstand mich gleich. Denn auch der Urmensch war dem ewig Weiblichen nicht feind, das uns hinanzieht. Sich halb im Heubett aufrichtend, tat er seinen Lieblingsfluch: »Sakrament no amal! Jetzt dös is gspassi. Grad hab i aa dran denkt.« Eine Weile sinnierte er vor sich hin. Dann bekannte er mit rührender Offenheit: »Daß mer da bei uns umanander lauter Alte auf die Sennhütten haben, da bin fei i dran schuld. Dö Bauern lassen koa Junge nimmer auffi.« Wieder studierte er und hielt die feucht schwimmenden Augen auf den grellen Sonnenfleck des Fensters gerichtet. Und schlang die Arme um die aufgezogenen Knie. »Sakrament no amal!« Jetzt sah er mich an, mit schmunzelndem Gezwinker. »Sö! Glei überm Berg da drent, da wußt i an Alm. Sieben Hütten stengan beinand auf'm schönsten Fleck. Und sieben Sennerinna! Mudelmollete Weibsbilder. Und oane säuberer wia die ander. Sakrament no amal!« Er stieß mich mit dem Ellbogen an. »Was moanen S'? Springa mer ummi, morgen in der Fruah?«

»Wie weit haben wir denn da hinüber?«

»Ah wos! So a Katzensprüngl!«

»Na ja, aber ... da drüben kenn ich doch niemand?«

»Bal Eahna i rekommandier!«

Jetzt konnten wir schlafen, trotz Hitze und Mucken.

Früh um zwei Uhr weckte mich der Gidi. »Z'earst machen mer unser Pirsch. Der Earnst geht allweil für. Und bal mer um achte marschieren, kumma mer allweil no fruah gnuag ummi.«

Ein wundervoller Morgen war's. Doch in der milden Kühle schien alles grüne Leben schon zu zittern vor den Gluten, die der Tag wieder bringen würde. Es gab an diesem Morgen mehr zu schauen als zu jagen. Denn das Wild begann sich schon zu verschliefen, als der erste Sonnenglanz die Bergspitzen anleuchtete.

»Heut bideut's uns nix!« sagte der Gidi um halb sieben. »I moan, mier marschieren glei.«

Ich nickte.

So begannen wir die Wanderung, der Gidi mit hetzenden Schritten voraus, ich hinter ihm drein. Eine Hitze kam, daß ich erst die Joppe und dann die Weste herunterzog und in den Rucksack stopfte. Und immer rann ein Gesicker von heißen Tropfen über Stirn und Wangen, über den Hals und über den Rücken. Und keine Straße! Nur ein schlechter Fußweg, bald über Geröll, bald über Wurzelwerk. Und immer hinauf und hinunter, hinauf und hinunter.

Gegen elf Uhr sagte ich: »Du! Wie lang dauert denn bei dir ein Katzensprung?«

Er lachte. »Jetzt haben mer's bald.« Aber auch ihm war es heiß geworden unter dem zwiebelgelben Hut.

»Sakrament no amal!« Er wischte mit der Faust über die Stirne.

Hinauf und hinunter! Und wieder hinauf, so steil, daß ich vor Ingrimm über meine Erschöpfung zu fluchen begann. Jeder Faden klebte mir naß am Leib. Und die Sonne brannte auf die Steine her, daß alles waberte in der Luft. In dem niederen Latschengestrüpp keine Flocke von Schatten. Nirgends ein Tropfen Wasser, nirgends ein Laut, kein Vogelruf – nichts, nichts, nichts, was an Leben hätte denken lassen. Alles, was lebte, schien verschmachtet in dieser Schwüle. Und der harte Steinboden glutete, daß mir die Schuhsohlen heiß wurden. In die Höhe konnte ich nimmer schauen – so blendete der gleißende Sonnenglanz, der über die weißen Kalksteinwände ausgeschüttet lag. Ich mußte immer mit gesenktem Kopf und halbgeschlossenen Augen gehen.

Um ein Uhr sagte ich: »Gidi! Jetzt leg ich mich hin und stehe nimmer auf vor Nacht.«

»Sakrament no amal! Dö paar Sprüngln bis da auffi wearn S' wohl no dermachen. Von droben sieht ma dö sieben Hütten scho.«

»Na also! In Gottes Namen!«

Als wir den kahlen Grat erreichten, deutete der Gidi: »Da schaugn S' her! Da haben mer jetzt dö sieben Hütten vor der Nasen.«

Ich spähte mit meinen brennenden Augen in die Tiefe. Steingeröll, über dem die Hitze flimmerte und wogte! Dann Wälder und Wälder. Und in der Ferne ein graublauer Dunst.

»Wo denn, Gidi?«

»Ja san S' denn blind? Da liegen s' ja glei, dö Hütten, glei da draußt, wo d' Sunn a so nebelet.«

Ich schwieg. Und wischte mit dem nassen Taschentuch über Gesicht und Hals. Und atmete auf – nur weil es bergab ging. Nach einer halben Stunde erreichten wir den ersten Fichtenstreif. Waldschatten! Du wundersame Köstlichkeit! Wie ein Berauschter taumelte ich durch das kühle Grün. Eine Quelle! Und ein Trunk, so gierig, daß es klunkerte im leeren Magen! Und jetzt ein Bach. Sich waschen können! Ein Fußbad nehmen! Wieviel herrliche Reize, wieviel namenlose Süßigkeiten doch das Leben hat!

Aber der Gidi fluchte: »Sakrament no amal! So vertragen mer die beste Zeit. Bal mer uns net tummeln, derwischen mer koane nimmer. Dö müassen auf'n Abend ihr Vieh eintreiben.«

Was ich mir bei dieser Mahnung dachte, verschwieg ich vor dem Gidi. Und schnürte ohne Übereilung meine Schuhe wieder zu, die ich zur Abkühlung in den Bach gestellt hatte.

Gegen vier Uhr nachmittags erreichten wir die Alm mit den sieben Hütten. Und als ich mich in der Landschaft orientierte, machte ich die Entdeckung, daß wir durch drei Oberförstereien durchgewandert waren. Seit zwei Uhr morgens auf den Beinen! An einem solchen Tag! Bei dieser sengenden Glut! Vierzehn Stunden hatte der ›Katzensprung‹ des Egidius Trumpf gedauert. In welcher Gemütsverfassung ich war, das könnt ihr euch denken.

Doch der Urmensch beutelte sich in schmunzelndem Vergnügen. »Jetzt passen S' aber auf!« Er gab mir schäkernd mit der Faust einen Puff in die Seite und spazierte auf die erste von den sieben Hütten zu. »Da drin, da habn mer glei die säuberste von alle! Ja! Und Röserl hoaßt s'. Dö hat Schmalz an der Latten. Bei der, da bleiben S'! I schaug mer nachher scho um ebbes.«

Wir traten in die Hütte.

»Grüaß Gott, ös zwoa!« sagte das Röserl, das beim Herd stand und die blaue Schürze herunternahm – ein dickes, schwarzhaariges Weibsbild mit knallroten Wangen, deren Haut von Frost und Hitze aufgesprungen und bläulich geädert war wie die Nase eines Weinbeißers. Das Gewicht dieser holden Weiblichkeit durfte man gut auf zwei Zentner schätzen. Wenn das Röserl sich in Bewegung setzte, gingen die mächtigen Hüften auf und nieder gleich einer schweren Schaukel. Und beim Anblick des Urmenschen lachte diese vollerblühte Rose, wie ein Knecht meines Vaters immer zu lachen pflegte, wenn die Leberknödel aufgetragen wurden.

Der Gidi begann auch gleich seine lustigen Redensarten zu machen, die das Röserl zu hören schien. Ich legte inzwischen mein Jagdzeug ab. Dann steckte ich den Kopf in einen Wasserkübel, rieb das Haar mit der Joppe trocken, ließ mich auf den Herdrand nieder und streckte langsam die Beine – *sehr* langsam.

Während ich mir eine Zigarette anzündete, ging das Röserl zum Brunnen, um frisches Wasser zu holen. Gidi tappte lachend hinter diesen zwei schaukelnden

Zentnern her und zwinkerte mir von der Türe mit wohlwollender Gönnermiene zu.

Draußen hörte ich die beiden wispern.

Und als das Röserl den Kübel mit dem frischen Wasser in die Sennstube brachte, sah mich das gute Ding halb verlegen und halb prüfend an und sagte: »Jetzt muaß i auffi auf d' Leiten und 's Vieh eintreiben. Gehts ebba mit?« Sie sah nur mich an, fügte aber zögernd bei: »Ös zwoa?«

Auch der Gidi sah mich an. »No also?« Und machte dazu eine Handbewegung wie eine Köchin, wenn sie den Schaum schlägt.

»Ich danke! Nein! Geht nur ... ös zwoa! Ich lege mich schlafen.«

Das Gesicht, das der Urmensch machte, kann ich nicht schildern. Ganz sprachlos war er. Und schüttelte immer den Kopf, während er hinter dem Röserl zur Türe hinausging – um das Vieh einzutreiben.

An der Türe, die von außen zugedrückt wurde, klapperte was. Aber ich achtete nimmer darauf, sondern riß so flink wie möglich meine Kleider herunter, um den Wasserkübel über meinen Nacken auszuleeren. Dann suchte ich eine Ruhestatt für meine mürben Knochen. Zuerst probierte ich's in der Kammer, im Kreister der Sennerin. Aber in diese muffige Seegrasmatratze waren Löcher und Höhlungen eingedrückt, in denen sich meine etwas herberen Formen nicht behaglich fühlten. Und in dem engen Bretterverschlag dunstete eine Hitze, um verrückt zu werden. Ich sprang wieder auf und legte mich in der Sennstube platt auf den Lehmboden.

Aber kaum war ich eingeschlafen, da weckten mich die Fliegen und Schnaken wieder, die mich zu Hunderten mit hochsingenden Tönen umsumsten und so gierig auf mich einflogen, als hätten sie, beim Röserl an fette Kost gewöhnt, nun plötzlich Geschmack an einem mageren Bissen gefunden.

Aber draußen war ja der Abend nah. Da mußte doch irgendwo ein kühles Plätzchen zu finden sein. Ich fuhr in die Kleider. Und nun kam eine Überraschung. Der Urmensch und das Röserl hatten von außen die Türe versperrt, um meinen süßen Schlummer vor Störungen zu bewahren. Bei dieser Entdeckung befiel mich etwas, das der Tobsucht ähnelte. Aber schließlich gewöhnt sich der Mensch an alles, auch an die schwüle Kammer, die nach dem Röserl duftete, an sumsende Fliegen und Schnaken. Um mir die Zeit zu vertreiben, nahm ich mein Fernrohr, setzte mich an das kleine Fenster und begann den Berghang, der da drüben in der Abendröte vor mir aufstieg, nach Hochwild und Gemsen abzusuchen. Und während ich das Fernrohr so hin und her gleiten lasse, kommt mir plötzlich etwas Merkwürdiges ins Glas – etwas Merkwürdiges, das ich nicht gleich erkannte, weil es von einer Erlenstaude überschattet war. –

Eine Stunde später, als es schon zu schummern anfing, näherte sich der Hütte ein sanftes Geläut, das in fünf Tönen zu einem Akkord in Moll gestimmt war: die Glocken der Kühe, die da eingetrieben wurden. Dann nebenan im Stall ein ohrenbetäubendes Gebimmel.

An der Türe rasselte was. Und das Röserl kam mit

dem Urmenschen in die Stube. Die beiden sprachen vom Wetter, und der Gidi schwor bei allen Heiligen, daß es morgen wieder den schönsten Tag geben würde, mit ›flaumenaperem‹ Himmel – das sollte heißen: nicht mit dem kleinsten Wölklein im Blau.

Das Röserl fing zu kochen an. Aber der hungrig gewordene Urmensch wollte vorweg einen Bissen Brot haben. Die Sennerin legte ihm den schwarzen Laib auf die Bank, und Gidi griff nach seiner Messertasche. »Sakrament no amal! Wo hab i denn mein Gnicker?«

Da sagte ich: »Der ist dir droben bei der Erlenstaude aus der Hose gefallen.«

Das Röserl drehte langsam das knallrote Gesicht über die Schulter. Und der Urmensch sah mich an, als hätte er Sorge um meinen Verstand. »Ja Sakrament no amal! Woher wissen S' denn dös?«

»Weil ich's mit dem Perspektiv gesehen habe.«

Unter grillendem Schrei und mit einer Flinkheit, die ich diesen zwei Zentnern gar nicht zugetraut hätte, sauste das Röserl zur Tür hinaus. Der Gidi aber stellte sich breitspurig vor mich hin, stemmte die Fäuste in die Hüften und brach in sein brüllendes Lachen aus. »Sakrament no amal! Dö haben S' aber guat derwuschen.«

Es wurde finster. Aber das Röserl ließ sich nimmer blicken. Der Urmensch ging, um das Mädel ›zur Vernunft‹ zu bringen; doch er kam allein zurück. »Dös damische Luader geht nimmer eini. Net um a Schloß!«

Um für das Röserl die Luft wieder rein zu machen, entschloß ich mich, noch die Stunde bis zum Dorf hinunterzuwandern. Der Gidi wollte mich wohl bereden, meine Ruhe in einer der sechs anderen Hütten zu suchen. Aber ich schüttelte energisch den Kopf.

»Sö san aber aa scho so a Hoakliger!« meinte der Urmensch verdrossen. Und als ich hinauswanderte in die stille, schwüle Nacht, in der die Sterne ruhig funkelten, sagte er: »Marschieren S' nur derweil voraus! I muaß mein Gnicker no suachen. Sakrament no amal! Den laß i net dahint, net ums Verrecken!«

Am anderen Morgen, gegen 9 Uhr, kam er drunten im Wirtshaus angerückt.

»So lang hast du suchen müssen?«

»Ah na! Mein Gnicker hab i glei wieder ghabt. Aber in die andern sechs Hütten hab i no a bißl hoamgarten müassen. I laß hinter meiner net gern a Bileidigung z'ruck. So Weibsbilder, dö san oft so empfindle. Da hoaßt's nachher glei: es waar oaner z' stolz!«

Statt zu lachen, guckte ich in Sorge zum ›flaumenaperen‹ Himmel hinauf, an dem die Sonne brannte, daß herunten über allen Steinen schon die Luft zu flimmern begann.

Und 15 Stunden nach Hause! Auf und nieder, auf und nieder, auf und nieder.

Gegen Mitternacht, mit talergroßen Blasen unter den Sohlen, kam ich heim nach Fall. Und mußte acht Tage lang auf alle Jagd verzichten.

Der Förster fragte: »Was is mit'm Herrn Dokter?«

»Mei«, lachte der Urmensch, »nix aushalten tuat 'r halt! Weil 'r allwei Söckeln tragen muaß, statt daß 'r nacket einischlupft in d' Schuach. So a Stodtgwax, so a zaartles!«

»Habts a grobe Pirsch gmacht?«

»Net amal! A bißl auf Rekerazion sammer gwesen, und da hat's eahm en Hamur derkeit. Natüarle, und bal der Mensch koan Schwung hat, marschiert 'r schlecht.«

Dieses Zwiegespräch, das ich durch die Türe mitanhörte, gab mir meine gute Laune wieder. Aber seit damals bekomme ich immer einen heiligen Schreck, sooft ich einen Jäger das Wörtlein ›Katzensprüngl‹ sagen höre. –

In der folgenden Woche stiegen wir wieder zur Lärchkogelhütte hinauf. Und während wir auf rauhem Pfad die Schutthalde unter dem ›Luderer Gwänd‹ überschreiten, merke ich, daß mit dem Urmenschen irgendwas los ist. Er blinzelt immer so sonderbar über das Berggehänge hin, schmunzelt so merkwürdig und macht unglaublich vergnügte Schweinsäugelchen.

»Gidi? Was ist denn?«

»Was soll denn sein? Nix! Ah na! Gar nix!«

Aber dieses geheimnisvolle Gezwinker in seinem Gesicht wird immer fideler. Noch ein paarmal frage ich und bekomme immer die gleiche Antwort:

»Nix! Gar nix!«

»Gidi! Ich weiß doch, daß du lügst.«

Er lachte, als hätt' ich irgend etwas wahnsinnig Komisches gesagt.

Nach hundert Schritten blieb er aus eigenem Antrieb stehen, sah mich mit seinen kleinen Blitzaugen an, kicherte in Glückseligkeit wie ein sanft Beschwipster und winkte mir mit einer kindlich grotesken Fingerbewegung. »Kummen S'! I zoag Eahna ebbes.« Immer vor sich hinkudernd stieg er über das Geröll hinauf, am Rand eines Steingrabens, der halb mit Felsschutt angefüllt war. Jetzt blieb er stehen, spähte schmunzelnd nach allen Seiten, ließ sich auf die Knie nieder, und mit heimlich fidelem Geschäker, wie man einen lustigen Knabenstreich beginnt, so fing er an, in dem Graben die Felsbrocken beiseite zu räumen.

»Da!« Sein Gekicher erstickte ihm fast die Stimme. »Schaugn S' eini!«

Ich beugte mich nieder. In dem Felsschutt lag eine Höhlung offen, wie ein großer Fuchsbau. Doch als ich hineinspähte, fuhr ich erschrocken zurück – in dem Dunkel da drinnen flimmerte das weiße Skelett einer Menschenhand.

Für meinen Schreck hatte der Gidi keine Augen. Er kicherte vergnügt, während er das dunkle, muffige Felsloch mit Steinbrocken wieder sehr sorglich vermauerte.

Und jedes Wort, das er sprach, war begleitet von einem halb unterdrückten Lachen: »Den hab i, hohohoho, da droben abigschossen vom Grat. Hehehehe! Koan Maunkser hat 'r nimmer gmacht, und, hohohoho, wie er dringlegen is im Graben, hehehehe, da hab i a Stoanlawin drüber abilassen. Hohohoho! Den findt net amal unser Herrgott am Jüngsten Tag. Hihihihi!« Er drückte die Fäuste vor sein Gekicher und schüttelte sich in fideler Wohligkeit.

Mir rann ein kalter Schauer über den Rücken. Aber ich habe späterhin niemals wieder im Gesicht eines Menschen solch einen leuchtenden Ausdruck von Behagen, Verschmitztheit und schattenloser Freude gesehen wie damals im Gesicht des Egidius Trumpf.

Und da soll nun unsereins, mit Plato, Paulus und Goethe in Herz und Kopf, solch ein eisenknochiges und stahlgemuskeltes Exemplar der Schöpfung kapieren! Der Namenlose, den der Gidi vom Grat der Luderer Wände kalt herunterschoß – vielleicht war's der Holzknecht mit der Zinnkugel und dem ›Kreizl‹? –, dieser Namenlose war ein Wilddieb, ein Schaden für das Revier, eine schleichende Gefahr für das Leben der Jäger. Gut! Aber er war doch auch ein Mensch! Und das ist dem Gidi niemals eingefallen. Der hatte nur seine ›damische Freid‹, sooft er unter dem ›Luderer Gwänd‹ über die Schutthalde marschierte und kichernd hinaufblinzelte zu dem Felsgeröll im Steingraben.

Und da fürchte ich wieder, daß ihr den Urmenschen nicht seht, wie er war. Ich hatte ihn lieb. Aber wenn ich ihn schildere, kann ich nur sagen, wie er aussah, nur erzählen, was er tat. Doch es fehlt dabei der tobende Pulsschlag, der in seinem Leben war. Um ganz zu verstehen, daß ich nach einem Vierteljahrhundert noch mit Freude an den Gidi denke, hättet ihr ihn sehen müssen, im Stahlbild seiner Kraft, mit dem zurückgeschobenen Hut und mit dem bläulichen Netz an den Schläfen, in dieser verrückten Schönheit seines Zornes.

Und dann sein wilder, urmenschlicher Tod! Ein Tod, bei dem ich mir sagte: so und nicht anders mußte der Egidius Trumpf sein Leben enden. Da war er gegen Ende der achtziger Jahre nach Bartholomä versetzt worden, in jene einsame Wartei am Königssee.

Eines Sonntags, als sich der strenge Winter schon zum Frühjahr wenden wollte, war der Gidi ›auf Rekerazion‹ in Berchtesgaden draußen und schluckte vergnügt sein gewohntes Quantum, so an die zwanzig Maß. Am Abend setzte er sich noch zu Königssee vier Stunden beim Schiffmeister in der Schwemme fest. Um Mitternacht wollte er über den gefrorenen See nach Bartholomä hineinwandern. Das versuchten sie ihm auszureden – seit drei Tagen, bis zum Morgen des Sonntags, hatte der Föhn geblasen, das Eis war von breiten Frageln durchrissen, und überall quoll schon das Wasser heraus. Aber der Gidi in seinem Kraftgefühl meinte lachend: »Bin i aussikemma, kumm i eini aa! Und hupfen kon i no allwei.« Dabei machte er, mit den fünfundzwanzig Maß im Magen, einen tischhohen Sprung. Und wanderte los in der stillen Frühlingsnacht.

Am Morgen, als der Urmensch zu Bartholomä nicht eingetroffen war, stellte der Förster am Ufer den Tubus auf und sah im Weitsee draußen auf einer Stelle, so groß wie eine große Wiese, das Eis in Scherben geschlagen.

Weder in Bartholomä noch in den Holzerhütten am Ufer, noch in Königssee hatte man in der stillen Nacht einen Schrei vernommen. Der Urmensch und um Hilfe schreien? Nein!

Stumm hatte Egidius Trumpf seine letzte Arbeit getan. Als er eingebrochen, war er vermutlich nüchtern geworden. Und hatte mit allem Aufgebot seiner eisernen Kraft sich zu retten versucht. Aber jede Scholle, auf die er sich hinaufschwang, brach wieder mit ihm hinunter. Immer wieder tauchte er auf und klammerte sich mit zäher Kraft an das Leben. Sein Hut schwamm wohl im Wasser oder war unters Eis geraten – den konnte er nimmer zurückschieben über die Stirne –, doch an den Schläfen wuchsen ihm sicher vor Zorn die bläulichen Netze. »Sakrament no amal!« Er griff und lupfte, sank und hob sich, und zerbrach in weitem Umkreis mit seinen Knien und Ellbogen die morsche Eisdecke. Lange Stunden muß er so gekämpft haben, fast bis zum Morgen. Und als das kalte Wasser seine ringenden Glieder starr machte und der letzte Nerv seiner Kraft erlahmte, sank er lautlos in die Tiefe.

Am Morgen fuhren sie von Bartholomä mit dem Eiskahn hinaus. Beim Anblick dieses weiten Feldes zerschlagener Schollen sagte der Förster: »Jesus, Maria! Dös schaugt ja aus, als waar a Bergbruch einigfahren!«

Sie fanden nur einen zwiebelgelben Hut. Sonst nichts.

## *Wenn sich die Blätter färben*

Wer lernt ihn aus, wer dürfte sagen, daß er ihn ganz ergründet hat und ganz verstanden, den dunklen rauschenden Wald mit seinem geheimnisvollen Leben und Weben oder den offenen, laubreichen Hag, durch dessen Blättergewirr in zaubervollem Wechsel von Licht und Schatten die Sonne ihre Strahlen spinnt. Der Wald ist kein verschlossenes Buch, wohl aber ein Buch ohne Ende. Seine Sprache ist leicht verständlich, sie redet schlicht und warm zu unserm Herzen, wir brauchen ihr nur zu lauschen und das Herz nur offenzuhalten.

Und was er mit dieser Sprache alles zu erzählen weiß! Und niemals wiederholt er sich! Für jede Stunde hat er sein eigenes Märchen. Der Wald, über dem der Himmel sich dehnt in reiner sonniger Bläue, redet anders als der Wald, über dessen Wipfel die finsteren Wolken jagen, mit strömendem Regen, mit zuckenden Blitzen und rollendem Donner. Er spricht in andern Lauten, wenn beim Erwachen des Morgens seine Zweige und Gräser funkeln im weißgeperlten Tau, wenn die Mittagssonne auf die dürstenden Bäume niederbrennt, wenn über die müde Natur der Abend sich senkt auf rötlichen Schwingen und wenn die Nacht über Busch und Baum ihre dunklen Schleier zieht und das Wild zur Äsung ruft, das scheue Wild, das den hellen Tag fürchtet, weil er die erwachende Zeit des Menschen ist. Immer anders weiß der Wald zu reden, ob nun der kalte weiße Schnee seine geduldigen Zweige drückt, ob der laue Frühlingssturm ihn erlöst von seiner Last und seine schlafenden Kräfte weckt zu neuem Leben, ob er sich dehnt in sommerlicher Pracht oder ob ihn der Herbst überhaucht mit leuchtenden Farben.

Zu welcher Zeit er am tiefsten zum Herzen redet? Zu welcher Zeit er am schönsten ist? Ich sinne und weiß es nicht zu sagen. Doch wenn ich lange überlege und Schönheit mit Schönheit vergleiche, scheint es mir fast, als könnte der Wald nie schöner sein als in der Zeit, in der sich die Blätter färben und der grelle Glanz des Sommers sich dämpft zu milderen Tönen. Da macht es die Natur wie eine schöne Frau, die nicht altern will, ihre schwindende Schönheit festzuhalten sucht und sich putzt mit blitzendem Geschmeide und leuchtenden Farben.

Ein Herbsttag im sterbenden Wald! Da liegt es wie zitternder Feuerschein über allen Wipfeln in der Luft. Über das fahle Grün des moosigen Grundes webt die Sonne ein wundersames Mosaik von goldigen Lichtern und zuckenden Schatten. Wo sie ihren Weg durch das gelbe und rote Laub der welkenden Buchen und Ahornbäume nimmt, scheinen alle Zweige in hellem Brand zu stehen. Und wenn von den Bäumen, durch die ein seufzendes Rauschen gleich dem schweren Atmen eines Sterbenden geht, zuweilen ein welkes Blatt gemächlich zur Erde niederflattert, so ist das anzusehen, als hätte sich von den brennenden Zweigen ein Flämmlein losgelöst, um auf den seidendünnen Fäden zu tanzen, die blitzend und gleißend durch den ganzen Wald gesponnen sind. Die kleinen Vögel huschen mit erregtem Gezwitscher durch die Wipfel, als gält es ein hastiges Abschiednehmen oder ein Sammeln für die kommende Zeit der Not. Käfer schwirren auf und surren wieder hinab in das Versteck der gefallenen Blätter, und zahllose Ameisen kribbeln eilig über Stöcke und Steine, als wüßten sie, daß sie den schönsten Tag mit doppeltem Fleiß zu nützen haben, da schon der nächste Morgen den Winter bringen kann.

Und sinkt an solchem Tag die Sonne – welch wundersamen Zauber bringt dann der Abend mit der bunten Dämmerung, mit der sanft verschwimmenden Glut aller Farben, mit der kühlen, lautlosen Schlummerstille des todmüden Waldes. Und steht der neue Tag wieder auf, so sind die Farben noch milder getönt, und über Zweigen und Gräsern schimmert mit Perlenglanz der weiße Reif, der in der kalten Nacht gefallen.

Der Wald kann nie schöner sein als in solcher Zeit! Oder urteilt so nur der Jäger in mir? Weil der sterbende Wald auch dem Weidmann gesteigerte Freuden bietet? Weil die Zeit des Herbstes die lärmende, lustige Hochsaison des Weidwerkes ist?

Wie im Frühjahr das Jägerjahr eröffnet wird durch die von jedem Weidmann heißersehnte Heimkehr der

Schnepfen, so eröffnet die Südlandreise des Langschnabels und seiner jungen Brut das fröhliche Jagdgetriebe des Herbstes. Die Freude, die ein Jäger an der Buschierjagd auf Schnepfen findet, ist eine Probe für seine weidmännische Tüchtigkeit und Ausdauer. Vom frühen Morgen bis zum Abend durch wirrverwachsene Gräben auf und nieder zu klettern, sich unermüdlich durch Dorngestrüpp und stachlige Brombeerstauden zu winden, den gutgeschulten Hund mit erfahrenem Geschick zu führen und bei dieser Mühe immer bereit zu sein für den schwierigen Schuß – das ist nicht die Sache des Sonntagsjägers, der von der Buschierjagd auf Schnepfen zu reden pflegt wie das Füchslein von den sauren Trauben. Schon auf dem Abendanstand verlangt der Schuß auf die hastig und lautlos ziehende Herbstschnepfe einen geübten Schützen. Aber ein fermer Meister in der Handhabung seiner Waffe muß der Jäger sein, der gute Schußerfolge beim Buschieren erzielen will mitten in zäher Dickung, deren Gezweig den Ausblick verschleiert und jede Bewegung stört. Wohl kündet sich die von der feinen Nase des Hundes aufgestöberte Schnepfe durch lautes ›Wuchteln‹ an, aber klug jede Deckung nützend, huscht sie mit flinkem Zickzack und niedrigen Fluges davon. Da gilt es schnell wie der Blitz das Feuer zu werfen. Ein Augenblick in ratlosem Zögern – und wo ist die Schnepfe? Verschwunden auf Nimmerwiedersehen!

Die Schwierigkeit solch eines Schusses macht auch das Erlegen einer Schnepfe zu einer Pikanterie der herbstlichen Treibjagden. Wenn da im Bogen das ›Tiro,

tiro!‹ der Treiber erschallt, zuckt auf den Ständen heiße Erregung durch alle Jägerherzen, jede Hand schließt sich energisch um die Flinte, und alle Augen suchen in den Lüften. Holt einer den Langschnabel glücklich herunter, so fühlt er sich den ganzen Tag als Heros der gesamten Jagdgesellschaft. Fehlt er aber die Schnepfe, so möchte er vor den schadenfrohen Blicken, die ihn von der Seite messen, am liebsten in den Waldboden versinken.

Eine ähnliche Rolle – himmelhoch jauchzend oder zu Tode betrübt – spielt der Jäger, der auf der Treibjagd einen Fuchs zur Strecke brachte oder den roten Schleicher ›ungekränkt‹ passieren ließ. Das letztere ist nun allerdings ein weidmännisches Kapitalverbrechen, das die Verachtung, mit der es bestraft wird, vollauf verdient. Deshalb wird der Verbrecher auch immer zum verstockten Leugner. Ein Fuchs wird im Treiben nie gefehlt – er ist immer ›angeschossen‹, und darauf schwört der verdächtige Schütze die heiligsten Eide. ›Ganz unbegreiflich, daß er nicht liegenblieb! Er roulierte im Feuer wie ein Hase. Aber na, seinen Treff hat er. Die Bestie muß eingehen!‹ Das ist so das Schema für die übliche Ausrede. Und es ist wie ein Schicksal: Der Fuchs, der schon beim ersten Laut der Treiber rege wird und pfeilschnell das Weite sucht oder sich vorsichtig drückt bis zum letzten Augenblick vor dem Schluß des Treibens, weiß im Bogen mit Sicherheit immer jenen Stand zu finden, auf dem ein grüner Neuling im Weidwerk just mit seiner verstopften Zigarre, mit der Kognakflasche oder mit seinem knurrenden Hund beschäftigt ist.

Um bei den herbstlichen Treibjagden das pikante Kleeblatt voll zu machen, gesellt sich zu Fuchs und Schnepfe noch der Rehbock, der sein Gehörn schon abgeworfen hat. An seiner Stelle muß da häufig eine arme, brave ›Mutter‹ ihr Leben lassen, die nach ›Sprung und Gestalt‹ von einem unglückseligen Schützen als Bock ›angesprochen‹ wurde. Gegen solche ›Versehen‹ hilft leider kein Jagdgesetz und kein Pönale – dagegen hilft nur die weidmännische Bestimmung, daß beim Treiben auf den Rehbock, der sein Gehörn schon abgeworfen hat, nicht mehr geschossen wird. Solch freiwillige Schonung sollte man dem schönen Liebling des Waldes in allen Revieren gönnen. Wildbret zu liefern – das ist doch nicht die einzige Aufgabe der Jagd. Und ganz abgesehen davon, daß auf der Treibjagd mehr Böcke zu Holz geschossen als zur Strecke gebracht werden – es ist doch nur halbe Freude, mit einem Schrotschuß den Rehbock niederzuknallen, der die Schneuse überfällt oder am Saum des Bogens windend verhofft. Dem Rehbock gebührt die Kugel, und sie gebührt ihm auf der Pirsch.

Wie schön, im Vorsommer einsam hinauszuziehen in den jung ergrünten Wald! Wie schön, wenn der stattliche Sechserbock aus der dunklen Schonung auf die dämmernde Wiese tritt, bald ruhig äsend durch die hohen Gräser zieht, bald wieder sichernd aufwirft und dabei so recht den zierlich schönen Bau seines roten Körpers zeigt! Jetzt, Jäger, nimm die Büchse zur Wange und setz ihm die Kugel aufs Blatt, und wenn er im Feuer stürzt, dann jauchze aus frohem Jägerherzen, während der Widerhall deines Schusses hinrollt über die stillen Wälder!

Und wie schön, wenn du im Hochsommer zur Blattzeit dein Revier betrittst und mit lautloser Vorsicht jener Dickung zusteuerst, darin sich der alte, schlaue Herr verborgen hält, der dich auf der Pirsch zu Dutzenden Malen foppte und dem du so manch einen Morgen und Abend nutzlos geopfert hast! Jetzt hat sein Stündlein geschlagen, jetzt führt ihn der Zug des Herzens vor dein Rohr! Leise atmend, in kühler Morgenstille oder in der schwülen Glut des Mittags, umgibt dich der schweigende Wald! Erst harrest du noch ein Viertelstündlein in lautloser Ruhe, dann beginnst du mit dem Blatt zu locken, recht schmachtend und liebevoll. Da rauscht es in der Dickung. Und der Stolze, Langgesuchte steht vor dir, verkörperte Leidenschaft und Sehnsucht! Deine Kugel fliegt, und das heiße Herz des schönen Wildes hat ausgeschlagen. Denke nicht, daß es grausam war, den Verliebten und Betörten gerade in dem Augenblick zu fällen, in dem er süße Freuden erhoffte – ihm hat der ungeahnte Tod keinen Schmerz gebracht, denn es stirbt sich in keiner Stunde leichter als im Vollgenuß des Lebens, im Rausche zärtlichen Gefühls! Und dein Schuß war schön! Schmücke in Weidmannsfreude dein Hütl mit dem grünen Bruch!

Solcher Stunden und ihres Genusses sollst du dankbar gedenken, wenn beim herbstlichen Treiben ein seines stolzen Hauptschmuckes beraubter Bock an deinem Stand vorüberwechselt. Winke ihm lächelnd zu und laß ihn passieren, um nicht dir oder einem andern die schöne Sommerfreude zu schmälern! Ein Treiben in gut besetztem Revier bietet ja, auch wenn der Rehbock geschont wird, noch jagdliche Freuden in Hülle und Fülle. Ein Häslein um das andere huscht mit flinkem Lauf über die Schneuse. Hole die Ausreißer ein mit noch flinkerem Feuer! Ein Kaninchen saust vorüber wie eine graue Pelzkugel, die ins Fliegen kam – und da gilt's einen blitzschnellen Schuß, oder die Schrote kommen zu kurz. Ein ›Bouquet‹ Fasanen rauscht aus dem Dickicht auf und flattert nach allen Seiten auseinander. Doch bevor sie sich noch aufgeschwungen haben über die Wipfel, stürzen im Feuer zwei prächtige Hähne, umwirbelt von stäubenden Federn. Und ist dir die grüne Göttin besonders günstig, so führt sie einen schleichenden Marder zu deinem Stand, einen wackelnden Dachs oder einen verstrichenen Birkhahn. Stehst du aber gerade in Ungnade bei Hubertus, dann kannst du freilich auch im besten Revier vom Morgen bis zum Abend ein Treiben um das andere mit ablaufen, ohne eine einzige Patrone loszuwerden. Aber laß dir durch solches ›Pech‹ das frohe Jägerherz nicht betrüben!

Der Stolz, eine stattliche Strecke erzielt zu haben, ist nicht die einzige Freude, die das fröhliche Leben einer Treibjagd bietet. Welche Erquickung ist nach den dumpfen Stubentagen der Stadt dieses Wandern im herbstlich schönen Wald, das Atmen in seiner frischen, gesunden, alle Glieder stählenden Luft! Dazu noch der reiche Humor des Tages, vom ersten lachenden Weidmannsgruß beim Stelldichein bis zum lustigen, mit fliegenden Scherzen gewürzten Jägermahl, das mitten im

Walde gehalten wird, zwischen den letzten Blättern des Herbstes und dem ersten Schnee des Winters! Und welche Summe von Genuß bietet dem rechten Jäger für sich allein schon die Teilnahme an einer Waldjagd, die mit tüchtigem Personal und gut geschulten Treibern in streng weidmännischer Weise geführt wird und in musterhafter Ordnung wie am Schnürchen verläuft! Kehrst du heim von solcher Jagd, dann drücke zum Abschied dem Jagdherrn, der dich als einen der Auserlesenen gerufen, mit festem Jägerdanke die Hand! ›Auf Wiedersehen im nächsten Jahr!‹ Wirst du aber in ein Revier geladen, aus dem du von der letzten Treibjagd nach Hause kamst, beinahe taub vom Mark und Bein durchdringenden Geschrei der Treiber, mit einem Halbdutzend Schroten in den Ledergamaschen, die dein Nachbarschütze für einen ›Fuchs oder Fasan‹ angesprochen – dann setze dich flink zum Schreibtisch und erwidere die nächste Einladung mit den höflichen Worten: ›Sehr geehrter Herr! Ich danke Ihnen herzlich, daß Sie wieder an mich gedacht haben! Die Aussicht, in Ihrem schönen Revier die mannigfachen Freuden einer Treibjagd mitgenießen zu können, hat viel Verlockendes für mich. Doch leider verhindern mich ernste Berufsgeschäfte, Ihrer liebenswürdigen Einladung Folge zu leisten. Mit Weidmannsheil, Ihr ergebenster N. N. – PS. In der letzten Nummer der Jagdzeitung fand ich neu erfundene, völlig schrotdichte Gamaschen annonciert. Ich möchte Ihnen raten, mit dieser herrlichen Erfindung einen Versuch zu machen.‹ –

Während im Wald der Ebene die roten Blätter fallen und bei fröhlichem Jagdgetriebe Schuß um Schuß durch die bunten Hallen kracht, wird hoch in den Bergen, über deren Gipfel und Almgehänge ein früher Winter schon das weiße Schimmerkleid geworfen, stille und mühsame Jagd gehalten. Wenn zu Ende des November die Flocken in dichter Menge um die Latschenfelder wirbeln, wenn die grimmig kalten Nächte schon alle Bäche zu Eis gerinnen machen und ein schneidender Wind mit Pfeifen um alle Grate und Schroffen saust – diese harte Zeit ist im verschobenen Liebeskalender der Natur der ›wunderschöne Monat Mai‹ des scheuen Krickelwildes. Je kälter da der Bergwind durch die Latschen fährt, um so heißere Gefühle erwachen in dem braven Gemsbock, der die schöne Zeit des Sommers in einsiedlerischem Behagen verbrachte und bei fleißigem Äsen nur der einen Aufgabe lebte, tüchtig Feist unter seine Decke zu bringen. Sein fahles Sommerkleid hat sich in glänzendes Schwarz verwandelt, drall und stattlich ist er anzusehen in der zottigen Fülle seines Winterpelzes, und schon beginnt sich der ›Bart‹ auf seinem Rücken zum Wachler auszuwachsen und weiß zu bereifen. Da hebt er nun ein ruheloses Suchen und Wandern an, und aus den Latschenfeldern der schattigen Klüfte, in deren kühlem und dichtem Versteck er seinen Sommerstand gehalten, steigt er zu den sonnseitigen

*›Sehr geehrter Herr! Ich danke Ihnen herzlich, daß Sie wieder an mich gedacht haben!‹*

Almgehängen empor, auf denen Rudel sich zu sammeln beginnen.

Treibt es der frühe Bergwinter gar zu schlimm, wirft er Schnee über Schnee und hüllt er durch lange Wochen alle Gipfel in Gewirbel und Nebel, dann freilich wird dem Hochlandsjäger die schöne Zeit der Gemsbrunft, die er das ganze Jahr hindurch mit Sehnsucht erwartete, gründlich verstöbert und verdorben. Wohl scheut er keine Unbill der Witterung, um für seinen Hut den stolzen Schmuck eines ›wachelnden‹ Gemsbartes zu gewinnen. Aber bei ›grobem‹ Wetter, bei dem der Wind in jeder Minute aus einem andern Winkel bläst, ist die Jagd auf das scharf ›windende‹ Gemswild eine nutzlose Mühe. Gemspirsch, die Aussicht auf Erfolg verspricht, verlangt blauen Himmel und gleichmäßig ziehenden Wind.

In solch trüber Novemberzeit steht der Hochlandsjäger wohl ein dutzendmal des Tages mit heißer Ungeduld vor dem Barometer und klopft an die Röhre, ob denn das gottsvermaledeite Quecksilber noch immer nicht steigen will. Endlich eines Morgens atmet er hoffnungsfreudig auf: ›Gott sei Lob und Dank, jetzt hat's a Ruckerl gmacht!‹ Gegen Mittag fällt ruhiger Nordostwind ein, Sonnenglanz durchbricht die ziehenden Nebel, und noch ehe der Abend kommt, tauchen die zukkerweißen Berge aus dem steigenden Gewölk hervor. Eine kalte Nacht sinkt über die Täler, und einzelne Sterne blitzen aus dem dunklen Schleier des Himmels.

Und nun wollen wir aufsteigen zu einer ›Gamspirsch‹ in die verschneiten Berge!

Eine Stunde, ehe der Morgen graut, sind wir parat zum Abmarsch, nicht allzu warm gekleidet, denn das Stapfen und Steigen im frischen Schnee wird uns heißer machen, als uns lieb ist. Einen bescheidenen Imbiß und einen guten Tropfen im Rucksack, den Stutzen und die Patronen, Fernrohr, Wettermantel und Bergstock – mehr brauchen wir nicht. Und jetzt hinaus in die Nacht! Der Himmel ist völlig klar geworden, und mit zitterndem Gefunkel leuchten die tausend Sterne. In schweren Klumpen fällt der Schnee von den Bäumen, deren Wipfel in leichtem Winde sich bewegen.

»Dös Winderl wär net ohne!« meint der Jäger, der uns begleitet. »Fein ziahgt's abi über'n Berg! Heut kunnt's krachen! Und an Tag kriagn mer, grad nobel!«

Schon der halbstündige Weg durch das langsam steigende Waldtal macht die Stirnen gehörig warm. Dann erst das Aufwärtsstapfen über den hoch verschneiten Jägersteig! Das ist wie ein Dampfbad, und alle paar hundert Schritte verhält man sich eine Minute, um den verlorenen ›Schnaufer‹ wiederzufinden. Der Wald geht zu Ende, und die steilen Latschenfelder beginnen. Allmählich hat sich der Schein der Sterne gedämpft, farbiges Zwielicht gleitet über den Himmel hin, alle Konturen der weißen Berge werden klar und rein, und ein letztes verirrtes Wölklein löst sich auf in blauen Duft. Langsam und vorsichtig steigen wir höher und höher, jede Blöße zwischen den Felsen und Latschen mit spähenden Blicken musternd. »Denn in der Brunft, da fahrt a Gamsbock her über'n Weg, du woaßt net wie!«

Fast haben wir schon den Saum des Almfeldes erreicht, das sich zwischen zerklüfteten Felswänden breit bergan dehnt, schimmernd wie milchblaue Seide. Da brennt es auf dem höchsten der weißen Gipfel auf gleich einer roten Flamme.

»Sakra! Jetzt dürfen mer uns aber tummeln! D' Sunn fliegt an.«

»Sich tummeln?« Nein! Da heißt es stehen und schauen und staunen! Von einem Gipfel zum andern fliegt die rote Morgenflamme, tiefer und tiefer brennt sie herunter über Gewänd und Schnee, das ganze Almfeld überhaucht sich mit rosigem Glanz, sogar die Schatten tauchen sich in zarten Purpur. Und über allem der reine Himmel, tief und blau wie ein südliches Meer, und zwischen seinem Blau und dem rosigen Schneeglanz blitzt im Kontrast der Farben die silberweiße Linie des Grates.

»Herrgott! Wie schön ist das!«

Da pfeift es in den Latschen, die Büsche rauschen, und Schnee stäubt auf.

»Mar' und Joseph!« zischelt der Jäger. »Richten S' Eahna! A Gamsbock! Und was für oaner!«

Doch ehe die Büchse noch an der Wange ist, fährt der schwarze Gesell, der uns auf lautloser Suche in den Weg geraten, mit sausender Flucht schon durch die Latschen hinunter in den Wald.

»Natürli! D' Natur antratschen! Dös is 's Richtige in der Gamsbrunft!« brummte der Jäger. »D' Sonn können S' alle Tag sehgn, aber so an Gamsbock net! No also, machen wir halt weiter! Der is jetzt schon beim Teifi!«

Ein Viertelstündlein steilen Marsches, und ein Hügel des Almfeldes ist erreicht. Gedeckt von einer Latschenstaude, lassen wir uns nieder. Obwohl wir bis an die Hüften im Schnee hocken, haben wir doch ein ganz behagliches Weilen, denn noch kaum merklich zieht der Wind, und die steigende Sonne beginnt sich lind zu fühlen. Während eine gute Zigarre den Ärger des Jägers besänftigt, halten wir mit dem Fernrohr Ausschau nach allen Seiten. Manch ein schwarzes Pünktlein auf dem sonnigen Schnee, das wir mit freiem Auge für eine Gemse halten, entpuppt sich durch das Glas als ein schattiger Felsbrocken oder als ein Latschenstäudlein, das sich aus der Schneedecke hervordrängt. Aber dort oben, wo die beschneiten Schuttfelder steil aufsteigen zu den kahlen Wänden, dort oben bewegen sich ein paar schwarze Punkte. Das Fernrohr wird gerichtet.

Ein Rudel! Und wir zählen gegen dreißig Stück, brave Mütter mit ihren Kitzen und einige Geltgeißen. Bei genauer Beobachtung zeigt es sich, daß beim Rudel ein dreijähriger Bock steht, der nicht als schußbar anzusprechen ist. Wäre es um die Zeit der Sommerpirsch, so würden wir ruhig weiterziehen und anderswo unser Heil versuchen. Aber jetzt, in der Brunft, da heißt es geduldig ausharren. Denn wo ein Rudel steht, wird ein guter Bock nicht lange auf sich warten lassen.

Ruhig sitzen wir im Schnee, der uns nun doch seine Kälte langsam in alle Knochen bohrt. Dazu beginnt der Wind immer schärfer zu ziehen. Die Ohren beginnen zu brennen, und die Finger werden steif. Aber die Beobachtung des Rudels kürzt uns die bittere Zeit. Einige der Gemsen ruhen im sonnigen Lager, andere ziehen langsam über den Hang und schlagen mit den Läufen den Schnee von der Erde, um Äsung zu finden. Zwischen den ruhig ziehenden Müttern tummeln sich die Kitzlein umher und treiben ihre munteren Spiele wie ausgelassene Schulkinder; sie jagen sich, versuchen harmlose Kämpfe und machen kleine Schlittenpartien über den steilen Schnee.

In dem Dreijährigen erwachen sehnsüchtige Gefühle, und er beginnt bei den Schönen ein Werben, das an alle Eigenschaften eines Verliebten erinnert, nur nicht an scheue Zärtlichkeit. Eine alte Kokette drängt sich zutraulich an ihn heran. Aber der junge Galan scheint für die Reize des ›gefährlichen Alters‹ nicht das rechte Verständnis zu haben. Mit einem derben Krickelstoß jagt er die Schmeichlerin von seiner Seite und kehrt zu den jüngeren Schönen zurück, deren Sprödigkeit ihn noch feuriger macht und in groben Zorn versetzt. Just hat er ein schlankes Geißlein ein paar hundert Schritte über das Schneefeld hingesprengt. Da verhofft er plötzlich, äugt gegen die höheren Wände hinauf und stampft mit den Läufen.

»Passen S' auf jetzt«, flüstert der Jäger, »da is der Alte nimmer weit!«

Wir suchen die Wand mit dem Fernrohr ab. Und dort oben steigt er über den Grat heraus, »aber scho a höllischer Teifi«, stolz und kraftvoll, scharf abgehoben vom blauen Himmel, so daß sich mit dem Glas die hohen Krickeln und die wehenden Zotten des Bartes deutlich erkennen lassen.

»Sakra, sakra«, meint der Jäger, »den wann S' kriegen, da können S' Eahna gratalieren!«

Alle Kälte in Blut und Gliedern ist jäh verflogen, und mit heiß erregten Schlägen hämmert das Herz.

Ein paar Minuten äugt der Alte regungslos auf das Rudel nieder. Dann plötzlich kommt er über die Wand herabgefahren, daß die Steine prasseln, sprengt auf die Geißen ein und fordert mit brutaler Gewalt seine Rechte als Herr des Harems. Inzwischen hält sich der Dreijährige eine Weile in scheuer Ferne, dann beginnt er das Rudel in Unruh zu umkreisen und schlängelt sich immer näher heran. Aber ein paar zornige Sprünge des Alten jagen ihn wieder in die Flucht. Einsam steht nun der Verscheuchte auf einem Schneegrat. Die Sache scheint ihm offenbar nicht zu gefallen. Er stampft mit den Läufen, schüttelt die Luser, und dann entscheidet er sich für das bessere Teil der Tapferkeit, fährt über den Schneegrat nieder und verschwindet in einem Graben des Almfeldes.

Wir kümmern uns nicht weiter um die Richtung seiner Flucht und lassen den Alten und sein Rudel nicht aus den Augen. Doch jählings pfeift es ein paar Dutzend Schritte neben uns, und als wir aufblicken, steht der Dreijährige zwischen den niederen Latschen. Er scheint von unserem Anblick ebenso betroffen wie wir von seinem unerwarteten Auftauchen. Einige Minuten währt diese gegenseitige regungslose Musterung, bis ihm der Jäger mit einer scheuchenden Handbewegung zumurmelt: »Geh, du Springerl, fahr ab!« Das läßt sich der Bock nicht zweimal sagen. Erschrocken schlägt er um, saust durch die Latschen talwärts und pfeift noch ein paarmal, da er schon verschwunden ist.

Obwohl die Entfernung zwischen uns und dem Rudel fast tausend Schritte beträgt, sind doch die Pfiffe des Flüchtlings bis zu ihm hinaufgedrungen. Ein paar Geißen, die sich schon zur Ruhe niedergetan, springen wieder auf, der Alte klettert auf einen Felsblock, und so äugt das ganze Rudel zu uns nieder. Ein Glück, daß uns die Sonne im Rücken steht – ihr blendender Glanz macht den Gemsen ein deutliches Gewahren unmöglich. Dennoch scheinen sie die Gefahr zu wittern, denn eine Kitzgeiß beginnt über das Schuttfeld emporzuziehen, als wollte sie in die Felswand einsteigen.

»Auweh zwick! Jetzt is gfeit!« brummt der Jäger und schließt mit einem derben Fluch die Vermutung, daß wir heute leer nach Hause gehen würden.

Seine böse Ahnung scheint sich zu bestätigen. Denn langsam zieht das ganze Rudel der führenden Kitzgeiß nach. Gemächlichen Schrittes und zuweilen den schwarzen Pelz schüttelnd, steigt der Alte hinter dem Rudel her, und wir folgen ihm seufzend mit den Blikken. Da verhofft er plötzlich, jagt über den steilen Schnee hinauf und sprengt die Geißen von der Wand zurück auf den Lahner. Das ganze Rudel steht dicht gedrängt und äugt über das Almfeld hinaus.

»Himmel Saxen!« zischelt der Jäger in heißem Eifer. »Da schaugn S' ummi! Da steigt oaner her über d' Schneid. Und gar koa schlechter net! Sakra, sakra, jetzt geht a Gschäft!«

Ein guter Bock, schwarz wie Kohle, ist am Saum des

Almfeldes erschienen. Er hat das ganze Rudel gewahrt und trollt über den Schnee einher, seinen Weg durch spielende Sprünge kürzend. Der Alte zieht ihm entgegen, zögernd, als wollte er vorerst mit Bedacht die Kraft des nahenden Gegners prüfen.

»Geben S' acht, dö packen anander!« flüstert der Jäger. »Von dene zwoa, da woaß i net, was für oaner der besser is. Von dene gibt koaner so leicht net nach!«

In wachsender Erregung sehen wir durch das Fernrohr dem Drama der Eifersucht zu, das sich dort oben auf dem steilen Schneefeld abspielen will. Deutlich gewahren wir durch das Glas, wie der Alte zornig die Oberlippe aufzieht, und trotz der Entfernung glauben wir seinen blökenden Kampfruf zu vernehmen. Schon sind die beiden Gegner bis auf wenige Schritte nahegekommen. Sie stehen regungslos voreinander, mit gesenkten Krickeln – es scheint, als hätte jeder Respekt vor der Kraft des anderen und keiner so recht den Mut, um den unsicheren Kampf zu beginnen. Langsam und neugierig zieht das Rudel näher. Und als hätte die Gegenwart seiner Huldinnen die Kampflust des Platzbokkes befeuert und seine Eifersucht gesteigert, so rennt er mit kraftvollem Sprung auf seinen Gegner los. Wir hören, wie die Krickeln aneinanderschlagen. Aber schon ist der Angreifer mit blitzschnellem Sprung wieder zurückgefahren und steht erwartend. Da holt der Gegner zum Angriff aus, beim Stoß verfangen sich die beiden Kämpen mit den Krickeln, und so zerren sie sich hin und her, daß es sich ansieht wie ein drolliges Spiel, nicht wie ein ernster Kampf.

Endlich kommen sie los voneinander, und der Alte retiriert, als wäre ihm schon halb der Mut gesunken. Das befeuert den Rivalen, und mit derben, immer hitziger werdenden Stößen bedrängt er den Platzbock, der sich aufs Parieren verlegt und dessen Kräfte immer mehr zu erlahmen scheinen. Aber diese scheinbare Schwäche ist nur schlaue Taktik des alten, geriebenen Burschen. Als sich der Gegner, der in heißem Ungestüm den Kampf mit einem Gewaltstreich beenden will, auf die Hinterläufe hebt, um mit gesenkten Krickeln den Rivalen am Nacken oder auf dem Rücken zu fassen, fährt ihm der Alte mit wuchtigem Stoß in die Weichen. Der Getroffene überschlägt sich und kugelt über den steilen Hang hinunter, umwirbelt von stäubendem Schnee. Mühsam erhebt er sich, aber da rennt der Alte schon wieder mit wütendem Sprung auf ihn los, und in wilder Jagd sprengt er den Besiegten gegen die Tiefe des Almfeldes.

»Teifi no amal! Jetzt aber gschwind! Jetzt gilt's!«

Wir gleiten durch die Latschen hinunter in eine Mulde, und drüben geht's mit Keuchen wieder hinauf über Schnee und Geröll. Kaum haben wir, noch atemlos, die Höhe des Almgrates erklommen, da saust auch schon mit hängendem Lecker und stöhnend der gejagte Bock an uns vorüber. Einen tiefen Atemzug, den Hahn gespannt und die Büchse an die Wange – jetzt taucht mit rasenden Sprüngen der Sieger vor uns auf, doch bei dem Pfiff des Jägers verhofft der Bock, halb verschleiert vom aufwirbelnden Schnee. Dröhnend hallt der Schuß über das Almfeld hin. Im Feuer schlägt der

Gemsbock um und verschwindet in einer Mulde. Auf dem jenseitigen Hang erscheint er wieder und flüchtet gegen das Rudel hin – eine zweite Kugel soll ihn einholen, aber da bricht er zusammen und rollt verendet über den Schnee. Ein Jauchzer schwingt sich auf in das sonnige Blau, während von den steilen Wänden die Steine niederprasseln, die das flüchtige Rudel löste.

Ein Stündlein später treten wir, der Jäger mit dem geschränkten Bock über den Schultern und der glückliche Schütze mit dem frischen Latschenbruch auf dem Hut, in die einsame und halbverschneite Sennhütte, deren Stube einen öden und unwirtlichen Anblick bietet. Alle Glieder zittern uns vor Kälte und Erschöpfung, die Augen sind rot gerändert und brennen vom blendenden Schneeglanz, den wir durch lange Stunden ausgehalten. Aber wir lachen, als kämen wir von lustiger Maipartie, und mit sprudelndem Eifer wird die ganze Jagd noch einmal durchgeplaudert. An dem Maßstab, der in den Bergstock eingeschnitten ist, wird die Höhe des selten starken Krickels und die Länge des sorgsam ausgerupften Gemsbartes gemessen – wobei der Jäger mit heiligen Eiden schwört, daß ›a söllener Bock in hundert Jahren nimmer gschossen weard‹!

In der Aschengrube wird ein flackerndes Feuer angeschürt, dessen Schein die verwahrloste Almstube freundlich überglänzt. Von der aufsteigenden Hitze des Feuers beginnt auf dem Hüttendach der Schnee zu schmelzen, und die Tropfen fallen und plätschern, als möcht es draußen schon Frühling werden.

## *Der Grabenteufel*

Jeder Weidmann ist abergläubisch. Es ist das ein Satz, den man gern belächelt. Aber es hat damit seine Richtigkeit, und sollt' es nur insoweit der Fall sein, daß jeder Weidmann sich ärgert, wenn ihm des Morgens beim Auszug zur Jagd ein altes Weib begegnet.

Der Jäger aus Passion ist abergläubisch, weil der Aberglaube nun einmal zum richtigen Sport gehört. Der Berufsjäger des Flachlandes ist abergläubisch aus Erziehung, denn neben der Kunst des Weidwerks lernte er den Aberglauben von seinem Lehrmeister, der wieder von einem Älteren diese Sprüche und Munkeleien übernahm, die in eine Zeit zurückdatieren, in welcher der Aberglaube noch Glaube war.

Ganz anders verhält sich die Sache beim Hochlandsjäger. Die Majestät der Berge wirkt einen unsichtbaren Zauber um Herz und Sinne und zwingt selbst in den klügsten Kopf Gedanken, wie sie der friedsame und aufgeklärte Stadtbewohner nur aus den Märchenbüchern seiner Jugend kennt. Solch ein Empfinden läßt sich nicht mit Worten sagen. Nur jener weiß es zu fassen, der diese stumme und doch so beredte Einsamkeit der Berge kennt, nur jener, der durch lange Stunden dem geheimnisvollen Rauschen der Hochlandsföhren lauschte und dem donnernden Liede der Regenstürze und horchend stand, wenn durch die dunklen Schluchten das Echo des Schusses hallte, dumpf und grollend, daß es sich anhört wie ein drohendes Zürnen des Alpengeistes, dem man wieder eines seiner Kinder stahl.

Der kluge und gebildete Tourist, den der Zufall in einem Bergwirtshause mit einem Jagdgehilfen zusammenführt, schüttelt wohl mit ungläubigem Lächeln den Kopf, wenn er da die eine oder die andere seltsame und ungeheuerliche Geschichte hören muß. Es ist auch wirklich nur ein Zufall, wenn er solche Dinge zu Gehör bekommt. Und er hat es dann weniger dem Zauber seiner Gesellschaft als der zungenlösenden Wirkung des Weines zuzuschreiben. Der Jäger des Hochlandes ist schweigsam; er entwöhnt sich des Redens in der wochenlangen Einsamkeit. Und dennoch ist er nicht einsam dort oben. Die ganze Natur spricht mit ihm, durch das Rauschen der Bäume, durch das mahnende Poltern der abrollenden Steine, durch den Vogelruf, durch das Pfeifen der Gemsen wie durch das Schreien der brünstigen Hirsche. Er versteht diese Sprache, wenn auch auf seine eigene Weise. Wirkt doch der Zauber der Natur auch auf das Herz des Ungebildeten, wenn er dann auch nicht imstande ist, über die eigene Empfindung zu klarem Verständnis zu kommen. Und so wird für ihn die Naturpoesie zum Aberglauben. Er personifiziert das ganze ihn umgebende stille Leben, die Tiere werden ihm zu gleich fühlenden und gleich denkenden

Wesen. Alles, was er sieht und hört, erklärt er sich nach bestem Wissen und Können. Steht er aber plötzlich vor einem gewissen Etwas, das ihm gegen alle Gewohnheit und Vernunft geht, so hilft ihm nur sein Gespenster- und Teufelsglaube zu einer befriedigenden Erklärung.

Aber nicht nur der Ungebildete erliegt diesem Banne. Ich kenne Forstleute in unseren Bergen, die in der einen Stunde von ihren Universitätsjahren plauderten, in der anderen mit Kopfschütteln und Achselzucken erzählen, wie sie an einem Freitag ein Stück im Schnall niedergeschossen, am Schußplatz aber weder Stück noch Schweiß, noch Fährte gefunden hätten. Oder wie gruselig es wäre, wenn man einen weidwunden Bock trotz des kunstgerechtesten Knickens nicht zum Verenden bringen könnte.

Wer immer mit der Büchse hoch oben hinzieht über schwindelnde Steige auf einsamer Pirsch – sie alle sind abergläubisch. Auch ich bin es geworden, wenn im eigentlichen Sinn des Wortes nur eine einzige Sekunde.

Die Liebe zur Jagd und zu den Bergen meiner Heimat hatte mich wieder einmal zur Sommerszeit nach dem schönen und wildreichen Oberisartal geführt. Ein paar Wegstunden hinter Lenggries in einem kleinen, von massigen Bergzügen umschränkten Talkessel dicht hinter dem Zusammenflusse der Walchen, Dürrach und Isar liegt der kleine Weiler Fall, ein herrlicher Fleck Erde, den ich mir für diesmal zum Standquartier erkoren hatte, um von hier aus meine Jagdausflüge nach den umliegenden Bergen und nach den hochstämmigen Forsten der Jachenau zu unternehmen.

Der schöne Sommer wanderte schon in den September hinein, und die Birkenblätter begannen zu vergilben. Da stieg ich eines Tages lange vor dem Morgengrauen bergauf zu einer Gemspirsch, deren Verlauf mich für die Dauer einer Sekunde zum krassesten Aberglauben verführen sollte.

Dicht und schwer lag der Nebel noch auf Wasser und Flur, als ich um vier Uhr die Dürrachbrücke überschritt. Außer dem Klappern meiner genagelten Bergschuhe störte kein Laut die tiefe Morgenstille; nur späterhin, als ich die ersten dampfenden Waldwiesen betrat, hörte ich den leichten Fußschlag des flüchtenden Wildbrets. Ich schritt bergan, empor über den Nebel des Tales, der mich aber bald wieder überholte. Zerrissen und zerteilt durch die massigen Stämme, flatterten die wandelsüchtigen Nebelgestalten vor mir die Höhe hinan, legten sich da und dort für einen Augenblick wie ein leichter duftiger Schleier über Stein und Busch und huschten empor durch die stillen Äste, um vereint über den Wipfeln aufzuschweben in den blauenden Himmel.

Durch einzelne Lücken der Bäume winkten die felsigen Bergspitzen zu mir herunter, erglühend unter dem Morgenkuß der aufgehenden Sonne. Da klang der erste Drosselschlag, dann das schüchterne Zwitschern der erwachenden Meisen.

Bedächtig, wie es einem richtigen Steiger geziemt, war ich drei Stunden emporgestiegen, als ich mich niederließ, um auszurasten, meine Büchse nachzusehen und den Tau davon zu wischen, den das hohe Berggras an Schloß und Schaftung abgestreift hatte. Es gehört zum Verständnis des Nachfolgenden, wenn ich über dieses Gewehr ein paar Worte des Lobes einflechte. Es war eine Doppelbüchse; die beiden kurzen Gußstahlläufe waren von feiner Arbeit, und bis auf zweihundert Gänge schossen sie die beiden Kugeln in gleicher Höhe auf Doppelzollweite nebeneinander. Manch schönen Schuß hatte ich mit dieser Büchse schon getan, auf eine Distanz, daß der besorgte Jagdgehilf mir während des Zielens abmahnend zuflüsterte: »Es reicht net, und es reicht net hin!« Meine Hand und mein Auge ließen mich auch nicht leicht im Stich, und so war ich mit dieser Büchse meines Schusses sicher – wenn ich nur zu Schuß kam.

Nach weiterem halbstündigen Steigen befand ich mich in Wildhöhe, an jener Stelle, wo von dem zur Bergschneide emporführenden Pfad sich der eigentliche Jagdsteig abzweigte, um in gleichbleibender Höhe den ganzen Bergstock zu umkreisen, aus- und einbiegend über Felsrücken und Klüfte.

Mit dem Betreten dieses Pfades beginnt die bestrikkende Aufregung eines solchen Pirschganges. Langsam, Schritt für Schritt, mit den Augen überall, geht es dahin über den schmalen, oft gefahrvollen Steig. Mit immer gleicher Vorsicht setzt der Jäger Fuß und Bergstock an, nicht etwa um sicher zu stehen, denn des Gedankens an die Gefahr hat er sich längst entwöhnt – nein, er scheut nur ängstlich selbst das geringste Geräusch. »So a Ludersgams hört dich ja schon, wann d' schnaufst!« Nähert sich der Steig einer Felskrümmung, so schärft sich Aug' und Ohr, lautlos schiebt der Jäger das halbe Gesicht über die Ecke und späht hinein in die dunkle, schattenvolle Schlucht, um dann blitzschnell die Büchse vom Rücken zu reißen oder mit mühsam unterdrücktem Unmut weiter zu steigen auf dem beschwerlichen Wege.

Das letztere schien für diesen Pirschgang mein Schicksal zu sein. Unter einem ständigen Wechsel von Enttäuschung und neuer Hoffnung war ich umhergestiegen an die fünf Stunden. Die besten Gemsbestände hatte ich aufgesucht, und wo ich früher oft ›ein Bock schier mit dem Bergstecken hätt derschlagen können‹, sah ich jetzt nur eine Gemsgeiß, die mit ihrem Kitz gemütlich über das Steingeröll trollte und unbekümmert um meine Nähe die salzigen Felswände beleckte.

Einem vierjährigen Schwächling war ich bis auf Schußweite nahegekommen; aber ich hatte ihn wieder laufenlassen, um mir nicht die Möglichkeit eines besseren Schusses zu verderben. Jetzt freilich ärgerte ich mich, daß ich dem Burschen nicht eins aufs Fell gebrannt hatte, um wenigstens nicht mit leerem Rucksack heimwandern zu müssen.

Aber mir blieb eine einzige, wenn auch sehr vage Hoffnung. Ungefähr eine halbe Stunde tiefer auf dem Berghang lag der Teufelsgraben, eine schwer wegsame, wildzerrissene Schlucht, die auf der Revierkarte unter dem Namen ›Hochgraben‹ verzeichnet steht. Aber der Förster und die drei Jagdgehilfen nannten sie den Teufelsgraben, und das aus einem ganz bestimmten Grunde.

Gleich während der ersten Zeit meiner Anwesenheit

in Fall war ich eines Abends mit einem der Jagdgehilfen hinter dem Maßkruge gesessen, als ein anderer Gehilf in die Stube trat und meinem Gesellschafter schon von der Türe zurief:

»Du! Heut hab ich den Grabenteufel wieder gsehen.«

Natürlich fragte ich sofort nach dem Sinn dieser rätselhaften Mitteilung. Und so erfuhr ich, daß der ›Grabenteufel‹ ein alter Gemsbock wäre, mit dem es seine eigene Bewandtnis hätte. Seit Jahren hielte er seinen immer gleichen Stand im Teufelsgraben. Aber weder einem der Jagdgehilfen noch dem Förster, ›der gwiß a richtiger Gamsjager is‹, wäre es trotz aller Mühe, List und Ausdauer gelungen, diesen Bock zu erlegen.

»A Kerl, zottlet wie a Bär!« So lautete die Schilderung des Jagdgehilfen. »Und mit a Paar Krucken wie a Teufelskrönl! Und wannst auf ihn gehst: Hören tust ihn jedsmal, sehen diemal, derschießen niemal! Denn wann auch zum Schießen kommst, so fehlst ihn.«

Ein paar Tage nach diesem Vorfall ließ ich mich von dem Jagdgehilfen der Neugier halber nach dem Teufelsgraben führen. Und wirklich – lautlos waren wir schon auf stundenlanger Paß gesessen, da prasselte es plötzlich von abfallenden Steinen, und jenseits des Grabens sah ich einen dunklen Schatten durch die Latschen huschen.

»Ich sag's halt allweil«, meinte mein Führer, als er sich erhob, »mit dem Bock is was net richtig!«

Und dieser Bock war jetzt meine letzte Hoffnung. Ach, Herr Jerum! Aber probieren kostet ja nichts.

Ich hatte noch eine gute Stunde Zeit, bis ich für eine Pirsch am Teufelsgraben guten Wind bekommen mußte. Allerdings hatte ich auch noch einen kleinen Umweg zu machen, um den Wind abzufangen. Als ich am Teufelsgraben angelangt war, murmelte ich spaßeshalber ein ›Weizsprüchl‹, oder, um mich verständlich auszudrücken, einen weidmännischen Gespenstersegen, den ich von einem der Jagdgehilfen gelernt hatte:

»Was ich versündigt, büß ich!
Was ich sieh, derschieß ich!
Ich will auch einmal selig wern –
Alle guten Geister loben Gott den Herrn!«

Nun ging es am Rande des Grabens talwärts, langsam und lautlos. Von fünfzig zu fünfzig Schritt pirschte ich mich vor an den Absturz, so daß ich immer einen Teil der Schlucht übersehen konnte. Keinen Winkel und keinen Latschenbusch ließ ich unbeschaut. Aber nicht ein Haar bekam ich zu Gesicht.

Endlich war ich in der Nähe des Platzes, wo ich bei meinem ersten Besuche den Grabenteufel mehr gehört als gesehen hatte. Etwa dreißig Fuß unter mir sprang eine grasige Platte in die Schlucht hinein, von wo aus ich ein gutes Teil der tiefen Felsrinne hinauf und hinunter übersehen konnte. In aller Vorsicht und Stille stieg ich nieder und machte mir's bequem. Ich hatte noch ein paar Stunden vor mir, denn wenn ich um sechs Uhr mich zum Heimweg richtete, konnte ich immer noch vor Einbruch der Nacht nach Hause kommen.

So paßte ich und paßte. Aber nichts regte und rührte sich.

Die Sonne war schon hinuntergezogen über den Rücken eines Berges, lang und dunkel schlichen die Schatten über die Höhen herauf, und leise begann es in den Büschen und Bäumen zu rauschen von dem immer stärker ziehenden Abendwind. Ich war müde und hungrig, und mich begann zu schläfern. Um mich munter zu erhalten, nahm ich meine Patronen aus der Tasche, sah die Kugeln nach; und um mich zu vergewissern, daß sich die Ladung nicht gelockert, rüttelte ich die Patronen vor meinem Ohr, eine nach der anderen, alle sieben, die ich bei mir trug.

Dann wieder studierte ich die Konturen der Wandrisse und Abstürze und bohrte den Blick in jeden Schattenwinkel und in alle Felslöcher und Wandnischen. Dabei summten mir die Bergschnaken mit ihrem eintönigen Lied um die Ohren und zerstachen mir Hände und Knie.

Mein Jagdeifer begann nachzulassen, und recht unweidmännische Träume gaukelten vor meinen Augen auf und nieder, Träume von Teufeln, Zwergen und Berggeistern. Manchmal klang es aus diesen Bildern wie ein gellendes Hui-hö! – und meine Phantasie sah unter Dampf und Nebel den leibhaftigen Gottseibeiuns mit einem Paar der herrlichsten Gamskrickeln auf dem pechrabenschwarzen Krauskopf emporsteigen aus der Tiefe der Schlucht.

Besonders jenes dunkle Felsloch mir schräg gegenüber hielt ich in meinen lustigen Teufelsphantasien für nicht ganz geheuer. Da drin war es schwarz wie die Nacht. Ein eigentümliches Verlangen regte sich in mir, hinüberzusteigen und dort hineinzugucken. Von meinem Platze hinunter in die Schlucht, das ging. Ob ich aber drüben wieder hinaufkam, das war zweifelhaft. Ich nahm mein Glas zur Hand und musterte das Terrain des genaueren. Nein, es war wirklich unmöglich, von unten aus da emporzusteigen. Aber vom jenseitigen Rande der Schlucht führte ein leicht erkenntlicher Gemswechsel bis zur Felsplatte, von der aus die Höhlung sich in den Berg senkte.

Heiliger Gott! Wahrhaftig! Im Dunkel der Höhle unterschied ich deutlich durch mein Glas die Umrisse eines ruhenden Tieres. Aber unmöglich vermochte ich zu erkennen, was es war. Lautlos stand ich auf, legte das Gewehr in Anschlag, ein kurzer, scharfer Pfiff gellte von meinen Lippen, das Tier sprang auf, und mit der Brust gegen mich, in der Luftlinie höchstens auf sechzig Gänge, stand ein Gemsbock da, wie ich keinen zweiten mehr gesehen habe. Der Grabenteufel!

Im gleichen Augenblick krachte es auch. Und noch einmal. Der Pulverdampf verzieht sich. Und auf dem gleichen Platze steht der Bock mit gespreizten Läufen, die großen funkelnden ›Lichter‹ regungslos nach mir gewandt.

Gefehlt? Nein, das war nicht möglich! Mit diesem

*Recht unweidmännische Träume gaukelten vor meinen Augen auf und nieder.*

Gewehr und auf diese Distanz! Entladen und laden, das war ein Augenblick. Ich schoß. Und wieder. Das Tier stand unbeweglich. Mein Herz schlug wie ein Hammer, und siedheiß stürmte mir das Blut in die Schläfe. Wieder lud ich. Und schoß – und schoß –, der Grabenteufel rührte sich nicht. Da lief ein Schauer über meinen Leib. Ich fühlte, wie mir das Blut aus Kopf und Gliedern floh und sich zusammendrängte im Herzen. Und während ich mit zitternder Hast nach der letzten Patrone suchte, glitt es von meinen Lippen: »Alle guten Geister loben Gott den Herrn!« Ich lud. Mit dem letzten Aufgebot meiner Willenskraft riß ich das Gewehr an die Wange. Und schoß. Das Tier stand wie aus Stein geformt. »Der leibhaftige Teufel!« Und mir graute.

Da stieß ich einen heiseren Schrei aus der Kehle – denn das Tier neigte sich vornüber, fiel nieder, fiel mit dem halben Leib hinaus über die Felsplatte, und zwei-, dreimal an Steinvorsprüngen aufschlagend, stürzte es hinunter in die Tiefe der Schlucht. Aufatmend schüttelte ich den Kopf, trocknete meine Stirn, auf welcher der Schweiß in kalten Tropfen stand, versuchte zu lächeln – und schämte mich.

Der Abstieg zu dem verendeten Gemsbock war ein schweres Stück Arbeit. Als ich ihn aufbrach, sah ich, daß alle sieben Schuß getroffen hatten. Schon der erste, sicher aber der zweite, mußte tödlich gewesen sein.

Alte Jäger erzählen, es käme zuweilen vor, daß ein Stück Wild nach einem Kernschuß in Starrkrampf verfiele. War das hier der Fall gewesen? Ich weiß nicht – vielleicht!

Als ich mit dem Bock auf dem Rücken zu Hause anlangte, wollte der Förster kaum seinen Augen trauen. Immer und immer wieder mußte ich die dunkle Geschichte berichten, die er kopfschüttelnd mit anhörte. Und am folgenden Tage erzählte ich sie auch dem Jagdgehilfen, der mich zum erstenmal nach dem Teufelsgraben geführt hatte.

»Soso! Erst mit dem siebenten Schuß?« Der Jäger zog die Brauen in die Höhe. »Ja, ja! Da glaub ich's schon. Der Siebener is für so was a heikle Zahl!«

Der Bock wog aufgebrochen vierundsiebzig Pfund, und seine Prachtkrickeln zeigten deutlich dreizehn Jahresringe.

»Ja, ja! Der Dreizehner halt!«

## *Hirschbrunft*

Er war kein Jäger, mein Freund, aber was ich ihm so ab und zu von dem schönen Leben zwischen Wald und Felsen erzählte, machte ihn lüstern, und da war es einer seiner Lieblingswünsche, einmal einen Hirsch im Bergwald ›schreien‹ zu hören. Nun traf es sich gut, daß er mich gerade während der ersten Oktoberwoche in meinem stillen Bergsitz besuchte. Seit acht Tagen schon war droben die Brunft im Gang, und die Hirsche schrien allnächtlich mit orgelnden Stimmen. Es war einer der klaren, lauen, leuchtenden, von bläulichem Duft erfüllten Oktobertage, wie sie der Herbst nur in den Bergen spendet. Einige Stunden nach Mittag schickten wir uns zum Aufstieg an; den Träger mit Zeug und Proviant hatten wir bereits am Morgen vorausgeschickt zur Hütte, damit wir uns bei ungestörtem Plaudern und Schauen des herrlichen Weges freuen konnten. Auf schmalem Pfad ging es empor durch steilen Laubwald, der vielfach mit Fichten und Lärchen untermischt und an manchen Stellen von schroffen, moosbehangenen Felswänden durchrissen war. Auf halbem Wege, unter einer mächtigen Buche, streckten wir uns zu kurzer Ruhe in das raschelnde Laub, das handhoch schon die Erde bedeckte.

Unter uns in dem von duftübersponnenen Bergen umschlossenen Tal lag schon der Schatten; hier oben aber schien noch die Nachmittagssonne warm und golden durch das Laubwerk, in dem der sachte Wind sein Flüstern und Wispern trieb. Zu keiner Zeit, vielleicht nur eine mondhelle Winternacht ausgenommen, ist der Bergwald so zaubervoll schön wie im Herbst. Da gibt es in der Welt keine Farbe, die er nicht zeigt, sei es an seinen hundertfältigen Moosen und Flechten oder an seinen hundertfarbigen Steinen, sei es an seinen welkenden Blumen oder an seinen gereiften und reifenden Beeren, sei es an den knorrigen Rinden und immergrünen Nadeln seiner Fichten und Föhren oder sei es an den weiß und grau erglänzenden Stämmen seiner Buchen und Ahorne, deren Blätterfarbe von dem lang bewahrten Grün hinüberspielt in brennendes Gelb und in das tiefste Rot. Und mit der einzigen Farbe, die dem Bergwald mangelt, mit dem lichten, lachenden Blau, überdacht der klare, wolkenreine Himmel das zahllose Volk seiner Bäume und Steine. Freilich ist das eine Herrlichkeit, die auf zitternden Füßen steht. Eine einzige Nacht – und dichte Wolken wallen um alle Gipfel und greifen mit ihren gaukelnden Nebelarmen nieder über Wald und Wände. Schwere Regenschauer verfinstern die Luft und zeugen rauschende Wasserstürze in jeder Schlucht und Rinne. Mit gigantischer Wildheit braust der kalte Herbststurm über die Berge, in gelben Wolken wirbeln die welken Blätter durch die Lüfte, von den Dächern der verlassenen Sennhütten fliegen die grauen Schindeln, mit Krachen stürzen die Fichten, und durch den weiten Bergwald geht ein dumpfes Stöhnen, als seufze die sterbende Natur aus dem Ächzen der geschüttelten Bäume.

Wir aber saßen noch in goldigem Sonnenschein und lugten mit nimmersatten Augen in die noch währende Pracht.

»Wie schön, wie wunderschön!« staunte mein Freund und dehnte sich behaglich in der lauen Sonne.

»Ja, warte nur, morgen um Tagesgrauen wirst du zittern und schnattern vor Kälte und wirst vielleicht sagen: ›Pfui, wie ungemütlich!‹ Wir steigen nicht nur der Höhe, wir steigen auch dem Winter entgegen.«

Als der vom Tal emporschleichende Schatten uns überholen wollte, machten wir uns wieder auf die Füße. Kaum waren wir eine Strecke weit gegangen, da hob mein Freund mit Lauschen den Kopf – er hatte ein durch die Ferne gedämpftes, langgezogenes Brüllen vernommen.

»War das ein Hirsch?«

»Ein Hirsch?« Ich lachte. »Wenn du nichts dagegen hast, so war das eine Kuh, die irgendwo auf dem jenseitigen Berghang weidet. Und wenn du die Ohren ein wenig spitzen willst, so kannst du auch ganz leise noch ihre Glocke hören.«

Er stellte sich etwas beschämt, wollte aber nun wissen, wie denn der Schrei eines Hirsches eigentlich klänge. Ich schaute zur Seite, damit mein Schmunzeln mich nicht verriete, ahmte das Meckern eines an Heiserkeit leidenden Ziegenbocks nach und erklärte, so ähnlich, nur ein bißchen anders wäre der Schrei eines Brunfthirsches wohl anzuhören.

»Merkwürdig!« meinte er. »Und da scheint mir, daß Hieronymus Lorm auch niemals einen Hirsch hat schreien hören, sonst hätte er dieses nicht sehr poetische Gekrächze schwerlich zum Vergleich für die lechzende Sehnsucht genommen:

›Ich rufe wie die Wachtel im Getreid,
Ich schreie, wie der Hirsch nach Wasser schreit.‹ «

»Da magst du wohl recht haben. Übrigens, der Vergleich hinkt auch noch auf einem anderen Fuße. Die Hirsche schreien nicht nach Wasser. Es läßt der Hirsch seine Stimme alljährlich nur durch einige Tage hören, nur in der Brunftzeit, wenn ihm ›das Herz in Liebe schlägt‹. Nach Wasser braucht er nicht zu schreien, denn wenn er auch weder Teich noch Quelle findet, er löscht seinen Durst beim Äsen des taunassen Grases.«

So plauderten wir im Steigen weiter, wobei uns allmählich die Dämmerung des kühlen Abends überfiel. Nahe der Jagdhütte hatten wir die Höhe einer sanft abfallenden Lichtung zu passieren. Ein geringer Sechserhirsch, der aus dem Dickicht getreten sein mußte, an dem wir vorüber sollten, zog vertraut über den mit dürren Storren und welkendem Kräuterwerk bedeckten Schlag dem tieferen Grunde zu. Um den harmlosen Schneider nicht zu vergrämen, drückten wir uns am Saum der Dickung hinter ein Fichtenbüschlein. Da plötzlich tönte kaum zwanzig Schritte hinter uns der tiefe, rauhe, weithin hallende Brunftschrei eines starken

Hirsches. Mir schlug das Herz; aber trotz aller Jagdlust, die mich packte, schielte ich nach dem Gesicht meines Freundes, der erblaßt und erschrocken aufgesprungen war, als hätte er dicht hinter seinem Nacken das Gebrüll eines hungrigen Löwen vernommen. Aber auch noch ein anderer war erschrocken, der Schneider auf der Lichtung drunten. Der mochte wohl mit dem bösen Herrn im Dickicht schon unbehagliche Bekanntschaft gemacht haben, denn in scheuer Flucht, daß unter ihm die dürren Äste krachten, segelte er dem dunklen Walde zu. Der andere im Dickicht schien das Brechen der Äste richtig zu deuten; es rauschten hinter uns die Büsche, und da stand er nun, kaum einige Bergstocklängen vor uns, frei auf dem Steige – ein prachtvoller Anblick. Fast schwarz erschien im bereits vollendeten Winterkleide der mächtige Körper mit dem dicken, zottig behaarten Brunfthals. Weiße Schaumflocken am Äser, das Haupt mit den vor Leidenschaft funkelnden Lichtern windend vorgestreckt und das Geweih, dessen gefegte Enden trotz der Dämmerung gleich weißem Silber blinkten, gegen den Nacken drükkend, so stand er vor uns in seinem Stolze, in seiner Kraft und Wildheit.

Allerdings genossen wir diesen Anblick nur wenige Sekunden; auf eine unvorsichtige Bewegung meines Begleiters stutzte der Hirsch, und da schlug er schon um wie der Wind und verschwand im schützenden Dickicht, ohne daß es mir gelang, einen Schuß anzubringen.

Mit großen Augen schaute mein Freund mich an und

meinte kleinlaut: »Du, mir scheint, du hast mich aufsitzen lassen? Mit deinem Gemecker?«

»Ja, scheint mir auch!« brummte ich ärgerlich. »Aber derjenige, der am meisten dabei aufgesessen ist, bin ich. Hätt' ich dich richtig vorbereitet, so wärst du ruhig an meiner Seite geblieben, wärst nicht erschrocken aufgesprungen und hättest dich nicht als wackelnde Kugelwehr zwischen den Hirsch und meine Büchse gestellt. So geht's mit der Bosheit. Ich habe den Schaden davon und du den Schrecken.«

»Schrecken? Das heißt . . .«

»Laß nur gut sein, du brauchst dich nicht zu schämen, denn vor dem ›Hirschfieber‹ ist der älteste Jäger nicht sicher.«

»In der Tat, so ein schwarzer Bursch hat etwas an sich, was einem das Herz klopfen macht. Wenn den die Lust angewandelt hätte, mit seinem Geweih ein klein wenig nach uns zu stochern . . .«

»So gefährlich ist die Sache nicht. Die Berghirsche sind scheu, auch in der Brunftzeit, und ich weiß mich keines Falles zu erinnern, daß ein gesunder Berghirsch, wie es von brunftigen Parkhirschen häufig erzählt wird, einen Menschen ›angenommen‹ hätte. Etwas anderes ist es mit einem angeschossenen oder mit einem bei der Treibjagd in die Enge getriebenen Hirsch. Von solch einem verzweifelten oder vor Schmerz rasenden Tier ist

*Da stand er nun, kaum einige Bergstocklängen vor uns – ein prachtvoller Anblick.*

manch ein Treiber und Jäger schon übel zugerichtet oder gar zu Tod ›geforkelt‹ worden.«

»Und das soll ein Vergnügen sein? Ich danke für solche Jagd.«

Ich lachte. »Spür' es nur einmal selbst, wie dir in Freude das Herz schlägt, wenn der geweihte Recke im Feuer stürzt und wenn du mitten im Zauber der Natur als Herr und Meister stehst! Dann wirst du anders reden.«

Wir hatten die Jagdhütte erreicht und streckten uns nach einem bescheidenen Abendbrot und einer behaglich verplauderten Stunde aufs duftende Heu zur Ruhe – allerdings zu einer recht zweifelhaften Ruhe. Meinen Freund ließen das ungewohnte Lager und die herbstliche Kälte der Nacht nicht schlafen. Mich aber hielten die Hirsche wach, die es toll trieben die ganze Nacht und bald das träge ›Grohnen‹ und ›Trenzen‹, bald den vollen, gedehnten Orgelton, bald wieder den kurzen, rauh tönenden Kampfschrei vernehmen ließen. Immer wieder erhob ich mich, lauschte und spähte hinaus in das Dunkel, und wenn ich einen Hirsch ganz in der Nähe der Hütte schreien hörte oder im matten Sternschein einen Schatten huschen sah, dachte ich mit stillem Neide jener Glückspilze, die schon manch einen schreienden Hirsch bei hellem Mondschein vom Hüttenfenster aus geschossen. Daneben quälte mich die Sorge, daß die Hirsche, da sie fast die ganze Nacht hindurch munter waren, am Morgen desto schlechter ›melden‹ würden. Diese Ahnung bestätigte sich leider. Als wir um die fünfte Morgenstunde aus der Hütte traten, war weit und breit nicht der leiseste Grohner zu vernehmen. Verwundert schüttelte der Jäger den Kopf: »Was sagst jetzt dazu? Heut nacht wie narrisch! Und jetzt kein Laut! Wann die Teufeln mit eim solchenen Morgen nimmer z'frieden sind, nachher weiß ich bald nimmer was!«

Das war auch wirklich ein Brunftmorgen, wie ihn die Hirsche und auch die Jäger schöner nicht hätten wünschen können. Kein Wölklein am Himmel, an dem die Sterne noch glänzten mit falbem Schein, indessen die östliche Ferne sich schon zu lichten begann. Auf Gras und Büschen der weiße Reif. Eine Kälte, daß der Atem gerann, und dazu ein Wind, der schnurgerad von den mattschimmernden Felswänden niederzog über den Wald. Und dennoch hörte man keinen Laut in der weiten Runde.

So alt und erfahren die Jägerei auch ist, so hat sie hinter manche Dinge doch nur ein Fragezeichen zu machen. Zahllose Hypothesen sind schon über die Ursachen aufgestellt worden, die eine mehr oder minder lebhafte Brunft veranlassen. Aber jede dieser Hypothesen paßt nur immer für gewisse Verhältnisse, keine klappt für alle Fälle. Natürlich ist es, daß die Brunft um so lebhafter sein wird, je größer der Stand an Hirschen ist. Da gibt ihnen schon die Eifersucht eine fleißige Kehle. Auch trifft es allgemein zu, daß die Brunft sich besonders lustig und energisch in jenen Gegenden gestaltet, in denen die Hirsche stärkere Geweihe tragen und ein milder Winter und schönes Frühjahr mit reichlicher Äsung eine kräftige Entwicklung des Wildes begünstigten. Weshalb aber bei gleichem Wildstand und gleichen klimatischen Voraussetzungen der eine Herbst eine frische Brunft, der andere eine träge bringt? Weshalb die Hirsche oft durch mehrere Tage unermüdlich orgeln, um dann plötzlich zu verstummen? Weshalb sie das eine Mal lieber bei Nacht, das andere Mal lieber am hellen Tag, das eine Mal lieber bei lauer Witterung, das andere Mal lieber bei scharfem Frost und frühem Schneefall schreien? Darüber sind die Gelehrten unter den Jägern noch immer nicht einig. Die Liebe bleibt eben unter allen Umständen eine wunderliche Sache, und auch das Herz der Tiere ist ein kapriziöses Ding.

Das alles plauderte ich mit leisen Worten meinem Freunde vor, während wir achtsam dem talwärts führenden Steige folgten. Gleich vor der Jagdhütte hatte der Jäger sich von uns getrennt, um bergwärts zu steigen und den Einzug des Wildbrets auf einer großen, steilen Almlichtung zu beobachten. Mich aber reizte der Versuch, ob es mir nicht gelingen möchte, noch einmal mit jenem schwarzen Herrn aus dem Dickicht aneinanderzugeraten. In weitem Bogen umgingen wir den Schlag, und ungefähr an jener Stelle, an der das Sechserhirschlein im tieferen Gehölz verschwunden war, kamen wir aus dem Wald. Über dem Schlage lag das schwache Grauen des nahenden Morgens, und schon auf den ersten Blick gewahrte ich inmitten der Rodung den Hirsch, freilich nur als schwarzen Schatten mit trüben Umrissen. Er hatte drei Stück Wildbret bei sich, die er langsam umkreiste und immer mehr gegen die Dickung emportrieb. Er schien die Gefahr zu ahnen, die ihm mit dem steigenden Lichte drohte, und suchte seinen Harem und sich selbst in Sicherheit zu bringen. Ich schaute mir fast die Augen aus dem Kopf, aber bei der tiefen Dämmerung war es unmöglich, richtig und sicher zu visieren. Ich mußte zu meinem Ärger den Hirsch ziehen lassen ohne Schuß.

Zwischen moosigen Steinblöcken richteten wir uns häuslich ein. Das Verschwinden des Hirsches nahm mir noch immer nicht alle Hoffnung. Trotz ihres zottigen Winterkleides spüren auch die Hirsche die Kälte der Nacht, und da ziehen sie nicht ungern ein zweites Mal aus, wenn die warme Morgensonne den Reif von den Kräutern schmilzt. Es konnte ja auch sonst der Zufall einen ›suchenden‹ Hirsch des Weges führen. Auch der König der Bergwälder folgt nach Schillerschem Rezept ›ihren Spuren‹, wenn auch nicht ›errötend‹. Von Beginn der Brunftzeit ist das ›ein ewiges Suchen und Wandern‹ bei allen schwächeren Hirschen, besonders bei denen, die der tyrannische ›Platzhirsch‹ vom Rudel abgekämpft hat. Dieses Wandern der Hirsche beginnt in den Bergen gegen Ende September. ›Um Ägidi‹, 1. September, sagt wohl ein alter Jägerspruch, ›tritt der edle Hirsch in die Brunft‹, und die sittsam erzogenen Parkhirsche mögen auch diesem Spruch folgen; der freie Berghirsch hört aber mehr auf die Stimme der Natur als auf die Mahnung des alten Jägerkalenders. Dann aber sind sie unermüdlich, die verliebten Herren, dann wandern sie bergaus und bergein, am gleichen Tag oft zwei und drei aneinanderstoßende Reviere kreuzend, bis sie finden, ›was ihr Herz begehrt‹.

Geduldig saßen wir. Es kam der Morgen mit seinem fahlen Himmel und seinen aus dem schmelzenden Reif erdampfenden Nebeln, die sich langsam aufwärts kräuselten in die Luft und wieder in nichts zerrannen. Es stieg das leuchtende Gestirn empor über die Berge und goß ein lauteres Gold über Wald und Rodung. Die wenigen Vögel, die mit dem Herbst in dieser Höhe noch ausgeharrt hatten, wurden munter, flatterten pfeifend über die kahlen Steine und sträubten das Gefieder. Ich hatte fleißig zu tun mit Augen und Ohren, und der Jagdeifer hielt mich warm. Mein Freund aber, der meiner Prophezeiung gemäß die Sache längst schon ›ungemütlich‹ fand, klapperte in dem frostigen Schatten, darin wir saßen, zu seiner einzigen Unterhaltung leise mit den Zähnen. Stunde um Stunde verrann, keiner der ersehnten Wanderer ließ sich blicken, und auch der ›schwarze Bursche‹ erschien nicht wieder. Der hatte sich irgendwo im Dickicht zur Ruhe getan und ließ nur ab und zu ein schläfriges Trenzen hören, bis er endlich ganz verstummte.

Gegen elf Uhr – sechs Stunden hatten wir ausgehalten – erlöste ich meinen Freund aus seinem Klappern und Frösteln, um ihn der geheizten Jagdstube und der warmen Suppe zuzuführen. Bei der Ankunft in der Jagdhütte erhielt ich für meine schöne Geduldprobe einen bitteren Lohn, denn der Jäger empfing mich mit den Worten: »Aber na! Grad heut müssen S' da nunter tappen! Bei mir wann S' gewesen wären, da hätten S' an Prügelhirsch derschossen! Am hellen Morgen is er noch draußen gstanden mitten auf der Almlichten! Und a Zwölfergweih hat er droben ghabt, grad a Staat und a Pracht!«

Natürlich! Ein lyrischer Pessimist der Weidmannsgilde könnte singen: ›Dort, wo du nicht bist, dort ist der Hirsch!‹ Aber die Worte des Jägers gaben mir doch gute Hoffnung für die Abendpirsch.

Um drei Uhr machten wir uns auf den Weg, da wir anderthalb Stunden zu steigen hatten, um die Alm zu erreichen. Die hohen, von gelbem Sonnenlicht umflammten Felsenhäupter warfen bereits ihre Schatten über den Bergwald, und es frischte schon in der Luft, so daß ein kalter Wind zu erwarten war. Auf einem kleinen Wiesenflecke stand ein Schmalreh sorglos und vertraut, wie wenn es wüßte, daß es von uns keine Gefahr zu fürchten hatte. Durch das braune Heidelbeerfeld, an dem wir vorüberkamen, glitt unsichtbar eine Auerhenne mit näselndem ›Gnäk, gnäk‹, und hoch über den Almen, auf einem leicht beschneiten Grate, rodelte und grugelte ein Spielhahn so lustig, als wäre Mai und Balzzeit in den Bergen.

Und jetzt – dieser Ton, der für einen Augenblick die Hände zittern und das Blut in den Adern sieden machte! Das war der Hirsch. Wir hörten ihn schon und waren noch über eine halbe Stunde von der Alm entfernt. Der Kerl hatte eine ›Lauten‹, so dumpf und grollend, als käme sie aus einem Kanonenrohr. Vom linksseitigen Berghang antwortete ihm mit schwächerer Stimme ein zweiter Hirsch, der aber bald wieder verstummte. Nach einem beschleunigten Marsche, währenddessen das Kanonenrohr dort oben immer fleißig weiterbrummte, erreichten wir den unteren Saum der großen Almlichtung. Mitten in dem steilen Grasgehänge stand auf einem kleinen vorspringenden Plateau die schon seit Wochen verlassene Sennhütte, die uns einen guten Stand geboten hätte, da von ihr aus das ganze Almfeld zu beschießen war. Doch es schien nicht mehr rätlich, über den ungedeckten Hang zur Hütte emporzusteigen, da der Hirsch in dem schütteren Lärchenwalde schrie, der die Höhe des Almfeldes begrenzte. Auch war der Wind noch nicht besonders gut; er zog wohl schon im Schatten abwärts, schlug aber doch manchmal noch in rechts und links ausweichenden Halbwind um. So setzten wir uns, um nichts zu verderben, am Waldsaum einer breitästigen Fichte zu Füßen und deckten uns mit vorgesteckten Zweigen.

Der tiefe Baß, der da droben fleißig übte, hatte auch meinen Freund in Aufregung gebracht, und nach seiner Meinung hätte ich stracks die Büchse spannen und kerzengerade dem orgelnden Herrn entgegensteigen müssen. Er wollte nicht glauben, daß der Hirsch so unliebenswürdig wäre, nicht so lange standzuhalten, bis ich ihm aus aller Nähe die Kugel aufs Blatt gebrannt. Es mag wohl häufig und ohne besondere Mühe gelingen, einen schreienden Hirsch, der des Morgens einsam zu Holze zieht, bei gutem Wind auf Schußweite anzupirschen. Hat aber der Hirsch ein paar Stück Wildbret in seinem Gefolge, so ist er sicher vor dem Nahen des Jägers. Die braunen Damen sind zu aller Zeit gar fleißig mit ›Äugen‹ und ›Winden‹, besonders aber während der Brunft; da steigert sich ihre Wachsamkeit auf das doppelte Maß, und sie scheinen genau zu wissen, daß nur in ihrer Hut das Heil und Leben ihres Herrn und Gatten steht, den Leidenschaft und Eifersucht trunken und sorglos machen, blind und taub für alle Gefahr. Es stimmt schon, wenn die Leute in den Bergen singen:

›Bei die Buben, bei die Madln,
Bei die Viecherln im Wald –
Die Lieb, die hat allweil
Die nämliche Gwalt.‹

Eine Stunde verfloß. Die Strahlenkronen, welche die sinkende Sonne um die Gipfel der Berge spann, erloschen allmählich. Ein grauer, kalter Schatten deckte alles Gehänge, immer schärfer und frostiger wurde der Wind, und aus den feuchten Schluchten stiegen dünne Nebel, die sich in langen Streifen schlangenartig durch die Wipfel der Bäume wanden. Überall herrschte lautlose Stille, die nur manchmal durch den grellen Ruf des Baumläufers unterbrochen wurde.

Gegen sechs Uhr hatte der Hirsch sein Schreien eingestellt. Mein Freund hatte dazu ein langes Gesicht geschnitten. Ich und der Jäger aber, wir hatten uns schmunzelnd angeblickt. Wir kannten dies Verstummen als ein Zeichen, daß nun das Wildbret schon im Auszug begriffen wäre. Es dauerte auch kaum eine Viertelstunde, bis in der Höhe zwischen den Lärchenbüschen der sichernde Kopf eines Tieres erschien. Zwei Kälberstücke mit ihren Sprößlingen traten aus dem Holz, und während die beiden Mütter sich voreinander hinpflanzten, als hätten sie geheimen Klatsch zu halten, trollten die Kälber mit lustigen Sprüngen auf und nieder über den steilen Hang und rings um die Sennhütte, ein paar gesunden Kindern vergleichbar, die den ganzen Tag in der Stube gefangen waren und nun am Abend für ein Erholungsstündlein ausgelassen wurden. Zwei Schmaltiere folgten, zu denen sich ein harmloser Spießer gesellte. Wieder kam eine kleine Familie, dann machten ein paar einzelne Stücke den Schluß. Langsam äsend zerstreute sich das Rudel über den Almhang.

In Erregung spähten wir zur Höhe hinauf. Ruhig schlossen sich meine Hände um die Büchse, an den Schläfen aber hämmerte mir das Blut. Und da kam er nun – durch einen tiefen Grohner meldete er sich an, kreisend schwirrte ein Tannenhäher aus den Lärchenwipfeln, Äste knackten – jetzt sahen wir ihn zwischen den untersten Bäumen stehen, vom dunklen Abendschatten des Waldes überschleiert. Eine kurze Weile zögerte er noch, dann zog er majestätischen Ganges einem vorspringenden Grashügel zu. In scharfen Umrissen hob sich sein wuchtiger Körper mit dem herrlichen Kronengeweih vom fahlgelben Himmel ab. Langsam streckte er das Haupt, daß der zottige Hals sich blähte. Und während ihm der heiße Atem vom Äser rauchte, hallte sein dumpfer, langgezogener Orgelton in die Lüfte.

War das ein Echo? Nein! Uns zur Linken, tief im Walde, meldete jener Hirsch, dessen Stimme wir schon einmal vernommen. Stutzend hebt der Platzhirsch das Haupt, antwortet mit zornigem Schrei, und zwischen ihm und jenem anderen entwickelt sich nun Ruf und Antwort ohne Ende. Dabei umkreist der Platzhirsch unablässig sein Rudel, immer enger treibt er es auf einen Knäuel zusammen, und wenn ein Stücklein ausbricht, holt er es mit wilden Sprüngen ein. Bei dieser Unruh aber, bei diesem Hin und Her bleibt er zu meinem Kummer immer weit außer Schußbereich.

»Halten S' Ihnen nur stad«, tröstete der Jäger, »bal der ander Hirsch auf d' Almlichten einischreit, nachher macht der Zwölfer schon amal an Rumpler gegen uns.«

In heißer Erregung lauschte ich nun dem Walde zu, und immer höher schlägt mir das Herz, je näher der Brunftschrei des ziehenden Hirsches tönt. Jetzt sehen wir ihn aus dem Walde treten, etwa dreihundert Schritte von uns entfernt; es ist ein starker Achterhirsch, und er scheint ein mutiger Bursch zu sein; heiß mag die Liebessehnsucht in seinem Blute brennen, denn Schritt um Schritt steigt er der Höhe zu, und Schrei um Schrei schickt er in die sinkende Dämmerung. Eines der Schmaltiere zieht ihm neugierig entgegen. Die Flatterhaftigkeit dieser jungen Schönen scheint den Platzhirsch in wilden Grimm zu bringen. Er läßt einen kurzen, heiser brüllenden Schrei vernehmen. Dann senkt er das Haupt, bohrt die Enden seines Geweihes in die Erde, reißt den Rasen auf und schleudert ihn in Stükken auseinander. Ein doppelter Schrei, und zornmutig stürzen die beiden Kämpen einander entgegen. Regungslos steht ihnen das Rudel zur Seite. Stücke und Kälber halten die Lauscher erhoben, halten die Lichter nach den Kämpfern gerichtet, deren Geweihe im Streite klirren wie helle Schwertschläge.

Es wird in solchen Oktobertagen zwischen Wald und Felsen manch ein heißer Kampf in Nacht und Dämmerung ausgefochten. Zuweilen geschieht es, daß die wilden Streiter im Kampfe die Geweihe unlösbar ineinander verflechten und in solcher Umkettung einem elenden Tode sich entgegenquälen. Häufig erliegt ein schwächerer Hirsch den tödlichen Forkelstößen des stärkeren Gegners. Und manchmal entspinnt sich der Kampf an abschüssigen Stellen. Dann weicht unter einem der Kämpfer jäh die Erde und das Gestein, in einer Staub- und Sandlawine rollt der Stürzende über das steile Gefäll, liegt zerschmettert in der Tiefe, und wenn nicht das nachsinkende Erdreich über ihn einen schützenden Grabhügel deckt, so umschleichen ihn zur Nacht die hungernden Füchse, und am Tage kehren die scharfgeschnäbelten Bergraben und der schwingenstarke Adler auf seiner Leiche zu Gast.

So tragisch sollte nun allerdings der Kampf nicht enden, dessen Zeugen wir waren. Der Achter schien beizeiten die Übermacht seines Gegners zu spüren, und so spielte er den Klügeren, der bekanntlich nachgibt. Mit jähem Ruck befreite er sein Geweih, fuhr zur Seite, kam wie der ›leibhaftige Teufel‹ über die Almlichtung niedergeflogen und prasselte kaum zwanzig Schritte neben uns ins Tannendickicht. Der siegreiche Platzhirsch schlug mit den Läufen die Erde, schüttelte das Geweih und orgelte dem Fliehenden zornig nach.

»Gut, gut!« flüsterte der Jäger an meiner Seite. »Jetzt

is er fest in der Hitz. Passen S' auf, jetzt kriegt er den Schnecken! Und richten S' Ihnen nur gleich zamm mit der Büchs, jetzt kann's pressieren, und über a paar Minuten wird's aus sein mit der Schußlichten.«

Hastig zog er aus seinem Rucksack den ›Schnecken‹ hervor, jene große, auch unter dem Namen Kinkhorn bekannte Seemuschel, schielte flüchtig noch zu mir herüber, ob ich fertig wäre, und ahmte dann, in die hohle Muschel rufend, täuschend den Brunftschrei des schwächeren Hirsches nach. Der Platzhirsch, der schon als stolzer Sieger zum Rudel zurückkehren wollte, hob zornig das Haupt und ließ einen dumpfen Grohner hören. Der Jäger antwortete. Und da stürzte der eifersüchtige Recke in langen Sätzen niederwärts, um den vermeintlichen Gegner vollends aus dem Feld zu schlagen.

Auf etwa achtzig Schritt vor meiner Büchse stutzte er plötzlich. Seit einer halben Stunde hatte sich der Himmel mit Nebeln zu überziehen begonnen, und schon seit einigen Minuten fackelte der Wind hin und her – da mochte der zornmütige Herr trotz aller Streitlust und Eifersucht von unserer gefährlichen Nähe einen ›Schmecker‹ bekommen haben. Ich aber ließ ihm nicht Zeit, über diese verfängliche Entdeckung länger nachzudenken. Eine leichte Wendung nur wartete ich ab, bis er mir die Breitseite bot. Dann krachte mein Schuß. In wilden Fluchten sah ich den Hirsch schräg abwärts in die Büsche stieben, droben auf dem Almfeld fuhr das Rudel nach allen Seiten auseinander, wie leichter Donner rollte noch das Echo meines Schusses über die dunklen Felswände hin – und lautlose Stille lag über dem weiten Bergwald.

Als ich mich erhob, überfiel mich, glücklicherweise nach dem Schusse, das richtige Hirschfieber, und meine Hände zitterten, daß ich kaum die Patrone zu wechseln vermochte.

»Gut oder schlecht? Jetzt kann's sein, wie's mag!« brummte der Jäger. »Wie sind S' denn abkommen?«

»Nicht übel, schön kurz am Blatt.«

»Na also, wann er an guten Schuß hat, kann's so weit net fehlen. Ob er auf'n Schuß a Zeichen gmacht hat, hab ich net sehen können, weil mir der Wind den Pulverdampf in d' Augen trieben hat. Aber jetzt is allweil nix mehr z' machen, jetzt müssen wir ihm schon a Ruh lassen und müssen uns vertrösten bis auf morgen in der Fruh. A paar Vaterunser lang, und d' Nacht is da.«

Gegen diese richtige Meinung war nichts einzuwenden. Lautlos pirschte ich am Waldrand entlang und ›verbrach‹ an einem niederen Fichtenstämmchen die Stelle, wo der Hirsch das Dickicht gewonnen hatte. Dann traten wir den Heimweg an. Langsam stiegen wir talabwärts durch den finsteren Wald, und als ich meinen Freund, der schweigend an meiner Seite ging, nach einer Weile fragte, wie denn der verflossene Abend mit seinen Ereignissen auf ihn gewirkt hätte, atmete er tief auf und sagte, daß er durch das herrliche, spannungsvolle Schauspiel dieses Abends zu einem verständnisvollen Freunde der Jagd bekehrt wäre, der wohl mit der Zeit ein tüchtiger Jäger werden möchte.

Dieses Geständnis machte mir Freude; trotz dieser

Freude aber wurde mir, je näher wir der Hütte kamen, immer beklommener ums Jägerherz. Immer dichter überzog sich der Himmel mit Wolken, und ich fürchtete, daß die Nacht nicht ohne Regen vorübergehen würde. Die Regennässe mußte Fährte und Schweiß verwischen, und dann war es, wenn der Hirsch nicht schon nach kurzer Flucht zusammengebrochen, um die Nachsuche übel bestellt. Und meine Befürchtung wurde zu trüber Wahrheit. Während wir noch beim Nachtmahl um den kleinen Tisch saßen, klatschte schon der Regen über das Schindeldach der Hütte. In Bangen und Sorgen verbrachte ich die schlaflose Nacht, und es vermochte mich wenig zu trösten, als gegen die zweite Morgenstunde der Regen zu versiegen schien. Unruhig wälzte ich mich hin und her, während mein Freund zu meiner Rechten den bleiernen Schlaf des Müden schlief und mir zur Linken der im Heu vergrabene Jäger schnarchte wie ein Murmeltier.

Als wir bei grauendem Morgen aus der Hütte traten, machten wir große Augen. Weiß, alles weiß, die Berge, der Wald und die Almen weiß von frischgefallenem Schnee. Und noch immer wirbelten die Flocken aus der grauen Höhe. Meinem Freunde gefiel das weiße Schimmerkleid, in das sich die Berge über Nacht gehüllt hatten; mir aber wollte diese frische Unschuld durchaus nicht behagen, ich dachte an meinen Hirsch und schaute fragend den Jäger an.

Der zuckte die Achseln: »Auweh zwick! Jetzt kann's aber spucken.« Und dabei blickte er sorglich auf den braunen Schweißhund nieder, der uns in großen Sätzen umsprang, als wüßte er schon, daß es an die Arbeit ginge.

Wir brauchten in dem zähen, klebrigen Schnee zwei volle Stunden, bis wir die Alm erreichten. Auf dem hoch überschneiten Schußplatz nach Schweiß oder Schnitthaaren zu suchen wäre vergebene Mühe gewesen. So eilte ich in brennender Ungeduld meinen zwei Begleitern weit voraus, jenem Fichtenbäumchen zu, an dem ich die Fluchtfährte verbrochen hatte. Da lachte mir das Herz vor Freude – mochte nun meinethalben die Fährte verregnet und hoch überschneit sein – der Hirsch hatte einen verläßlichen Schuß. Das sagte mir der helle Schweiß, mit dem die übereinanderhängenden Zweige bespritzt waren, und zwar so reichlich, daß ihn alle Nässe nicht hatte verlöschen können. Ich winkte meinen Freund und den Jäger herbei und ließ den Hund an die Leine, der den Schweiß begierig anfiel. In einem Bogen ging es talabwärts, wohl hundertundfünfzig Schritte durch den dichten Bestand und noch dreihundert Schritte durch den Hochwald. Dann lag er vor uns, der Herrliche, zu Füßen einer riesigen Fichte, nicht wie verendet, sondern wie in sorgloser Ruhe. Nur die Läufe waren ein wenig überschneit. Und leicht zur Seite lag das braune, reichgeperlte Prachtgeweih. Er hatte die Kugel mitten auf dem Blatt sitzen, ein Schuß, mit dem er zu anderer Zeit keine fünfzig Gänge weit gekommen wäre. Nur die zähe, gesteigerte Lebenskraft, die den Hirsch während der Brunftzeit erfüllt, hatte ihn nach einem solchen Schusse so weit noch führen können.

Nun ließ ich einen frohen, festen Juhschrei hinausklingen in die weißdurchwirbelte Luft und steckte mir den grünen Bruch aufs Hütl. Dem Hirsche schnitt ich die schön gefärbten ›Granln‹ aus dem Äser und reichte sie meinem Freund als Erinnerung an die Hirschbrunft in den Bergen.

Gegen Mittag stiegen wir talwärts, der Jäger, um den Schlitten für den Hirsch zu holen, wir beide, um der Stadt entgegenzureisen.

Zweimal während des Niederstieges überholten wir den Schnee, doch immer wieder rückte er uns nach. Es schien, als wäre die weiße Decke ein Leichentuch, das von unsichtbaren Händen über die Berge gezogen wurde, tiefer und tiefer mit jeder Stunde.

»Aus und gar is!« sagte der Jäger. »Aber Frühling wird's allweil wieder. Gott sei Lob und Dank! So schiech kann's nie net wettern, daß ma kein Glauben an d' Sunn nimmer haben könnt.«

Das ist von allem Volksglauben der schönste, dieser frohe, wissende Glaube an die ewige Erneuerung des Lebens.

## *Der treue Geselle*

Zahlreich sind die Bilder und Vergleiche, welche die Phantasie der Dichter und mehr noch der Volksmund aus der weidmännischen Zoologie zu wählen pflegt. Allerdings sind diese Vergleiche zumeist Vergleiche nach dem Sprichwort – sie hinken.

Es mag wohl angehen, wenn ein Verliebter das blondköpfige Ziel seiner Sehnsucht schlank wie ein Reh und schüchtern wie eine Turteltaube nennt, oder wenn er behauptet, seiner Liebsten Hände wären so weiß wie das Schneehuhn – obwohl das Schneehuhn im Sommer scheckig und nur im Winter weiß ist, also zu einer Zeit, in der die Liebste ganz sicher dunkelfärbige, warmgefütterte Handschuhe trägt.

Schlimmer steht die Sache schon, wenn wir von einem Menschen sagen hören, er wäre faul wie ein Dachs. Der brave ›Meister Grimmbart‹, der in langer Sommerszeit unermüdlich an seinem unterirdischen Schlosse baut, vom Abend bis zum Morgen auf der Käferjagd über die Felder streift – und faul? Wenn er im kalten Winter die Wärme im eigenen Pelze sucht, statt hinterm geheizten Ofen, das kann von einer gerechten

Kritik doch höchstens nur als Anspruchslosigkeit bezeichnet werden. Ein anderes Beispiel: ›Furchtsam wie ein Hase!‹ Wenn der Hase vor Hund und Jäger Reißaus nimmt, das ist doch sicher nur ein Zeichen von Klugheit. Wer aber einmal einen verliebten Hasen mit seinem Nebenbuhler kämpfen oder eine Häsin ihre Jungen gegen eine Schar von Raben verteidigen sah, wird nicht mehr sagen: mutig wie ein Löwe – sondern: kühn wie Bruder Lampe.

Nicht besser steht es mit vielen anderen Vergleichen. Nur ein einziger unter ihnen besteht vor jedem Urteil – der jeder Menschenzunge geläufige Vergleich: ›Treu wie ein Hund.‹ Und niemand weiß die Wahrheit dieser Worte höher zu schätzen als der Jäger. Für ihn hat der Hund nicht nur Knochen, Fleisch und Haare, sondern auch Seele und Gemüt. Es hat aber auch jeder echte Jäger für seinen Hund ein Herz. Und wenn schon dem Flachlandsjäger der schlaue, schneidige Teckel und der flüchtige, wohlgeschulte Feldhund weit mehr ist als nur ein nötiges Jagdrequisit, so gestaltet sich in den Bergen das Verhältnis zwischen Jäger und Hund noch weit inniger. Hier machen die beiden zusammen ein einziges aus, hier ist der Hund gleichsam des Jägers lebendig gewordener Schatten. Dem Hochlandsjäger ist der Jagdhund nicht nur Geselle im Sinne eines immer willigen Begleiters, er ist ihm Kamerad und Genosse. Und es ist kein Zufall, daß gerade der Name ›Söllmann‹, d. h. Gesellmann, für Gebirgsschweißhunde am häufigsten gebraucht wird.

Wenn solch ein Jäger von den langen Sommermonaten erzählt, die er hoch oben in entlegener Jagdhütte einsam zu verbringen hat, kann man in häufig sagen hören, daß in dieser Zeit für ihn sein Hund die einzige ›Ansprach‹ wäre. Da haben die beiden nun freilich Gelegenheit und Muße, einander zu studieren und einander so nahezutreten, daß hier die Scheidewand fast zu schwinden scheint, die zwischen Mensch und Tier zu stehen pflegt.

Wer mit solchen Dingen nicht vertraut ist, dem mag es wohl komisch erscheinen, wenn er gelegentlich einen Gebirgsjäger in Ernst und Scherz mit seinem Hunde sprechen hört, gleichwie mit einem Menschen. Da ist jeder Zweifel, ob der Hund diese Sprache auch verstünde, übel angebracht. »Was? Mein Bürschl, meinen S', der versteht mi net? Der versteht a jede Silben, akrat wie wann er in d' Schul gangen wär. Grad, daß er selber net reden kann!« Und solchem Glauben vermag man schwer zu widersprechen, wenn man beobachtet, mit wie klugen, verständnisvollen Augen das treue Tier auf seines Herrn Worte lauscht, wie es Scherz und Ernst schon im ersten Ton der Stimme unterscheidet, jeden Augenwink und jede Bewegung des Jägers begreift, und wie es sogar mit den Gewohnheiten, Launen und Stimmungen seines Herrn zu rechnen weiß.

Aber auch der Jäger versteht die stumme und laute Sprache seines Hundes, den flehenden Blick des hungrigen oder dürstenden Tieres, sein Scharren und Trippeln, sein Knurren und Murren, sein Winseln und Klagen. Und er hat ein feines Ohr für das Hundegebell, so daß er genau zu unterscheiden vermag, ob der treue

Wächter die Nähe eines Fremden meldet; ob der Hund ›verloren‹ bellt, wenn er bei der ›Schweißarbeit‹ in Dikkicht oder Gestein sich verirrte oder verstieg; ob er, auf der Fährte hängend, das ›aufgestochene‹ Wild mit hellem Läuten begrüßt; ob er vor dem gestellten Hirsche scharfen ›Standlaut‹ gibt oder den verendeten Recken ›tot verbellt‹. So hat jeder von beiden Teilen seine Sprache, die der andere versteht, und sie reichen damit aus für alles, was sie einander zu sagen haben.

Hand in Hand mit der Zuneigung, die der Jäger seinem vierbeinigen Kameraden schenkt, geht der Stolz. Da hält ein jeder seinen Hund für den Ausbund des Geschlechtes, und wer einen Jäger recht ins Herz hinein kränken will, der braucht ihm nur zu sagen, daß sein Hund keinen Schuß Pulver tauge. Man muß sie nur hören, diese braunen, wetterharten Berglandssöhne, wenn sie beieinandersitzen und das Lob ihrer Hunde singen. Da will einer den anderen übertrumpfen, und wenn sie mit der Wahrheit nicht mehr ausreichen, nehmen sie ihre Zuflucht zu dickem Latein.

Da kommt dann wohl die Geschichte von jenem schneidigen Hund aufs Tapet, der mitten im Dorf eine Haustür ›stellte‹, weil über ihr eine Firmentafel angebracht war: ›Schneidermeister Fuchs‹ – oder die Geschichte von jenem Schweißhund, der acht volle Tage vor einem verendeten Hirsch vergebens auf den Jäger

*Dem Hochlandsjäger ist der Jagdhund nicht nur Geselle, er ist ihm Kamerad und Genosse.*

harrte und schließlich dem Hirsche ein Stück Ohrwaschl – die Jäger sagen: Lauscher – abbiß, um es ins Forsthaus zu apportieren, gleichsam als Visitenkarte der wartenden Beute – oder die Geschichte von jenem beharrlichen Pirschmann, der seinem Herrn spurlos verlorenging, bis der Hund ein volles Jahr später vor den Knochenresten einer Gemse als ›stehendes‹ Skelett gefunden wurde.

Ehrliche Burschen sind sie alle, diese Hochlandsjäger, aber so ehrlich ist dennoch keiner, daß er die Mängel seines Hundes eingestehen möchte, nicht einmal im Walde draußen, wenn der Hund vor Zeugen schlecht auf der Schweißfährte arbeitet oder durch knurrige Unruhe den Pirschgang verdirbt. »Na, jetzt da schau, was der Hund heut hat«, brummt wohl der Jäger in solchem Fall unter ratlosem Kopfschütteln, »jetzt das is aber gspaßig! So was tut er doch sonst nie!« Natürlich ist der Jäger auch um Ausreden nicht verlegen, und da muß es bald der ›elende‹ Wind sein, der den sonst so verläßlichen Hund ›fexiert‹, aber der brave Bergmanndl, der ›halt gar soviel selten an Menschen siecht‹, ist durch die Anwesenheit eines Fremden ›verschüchtert‹.

Wie anders aber, wenn Bergmanndl mit promptem Fleiße arbeitet und etwa gar ein Meisterstücklein liefert, indem er nach stundenlanger Suche einen erbärmlich angeplänkelten, nur in seltenen Tropfen schweißenden Hirsch ausmacht, den ›unter hundert Schwoaßhund net an oanziger mehr z'stand bracht hätt!‹. Da leuchten dem Jäger vor Stolz und Freude die

Augen, da weiß er gleich mit einem Dutzend ähnlicher Geschichten aufzuwarten, und zärtlich tätschelt er mit den braunen Händen den Kopf des Lieblings, an den ›in der ganzen Welt schon gar kein Hund nimmer hin kann‹. Für Bergmanndl aber setzt es in den folgenden Tagen gute Zeiten und gute Bissen. Darben muß er freilich auch sonst nicht. Redlich teilt der Jäger die karge Hüttenkost mit seinem treuen Gesellen, breitet ihm den weichen Wettermantel zum Lager neben den kleinen, eisernen Kochherd, behütet ihn nach Möglichkeit vor Nässe und Kälte, und wenn eine Krankheit das Tier befällt, oder wenn es bei einem Sturze sich verletzte, widmet er seinem kranken Gesellen eine so ausdauernde und achtsame Pflege, wie er sie kaum sich selbst in unpäßlichen Zeiten angedeihen läßt. Der Hund versteht und fühlt diese Sorge, und er lohnt sie seinem Herrn durch schmeichelnde Anhänglichkeit und nicht selten durch Treue bis in den Tod. Die vielerzählte Geschichte des Hundes, der bei der Leiche des von einer meuchlerischen Wildschützenkugel ins Moos gestreckten Jägers ausharrte, bis er vor Hunger verendete, ist ebensowenig eine Fabel wie die minder bekannte, zum Gegenstück solcher Tragik recht lustige Geschichte des braven ›Haßl‹, den ein alter Förster des Oberisartales sein eigen nannte. Der fidele Graukopf liebte einen guten Trunk, und da trank er denn häufig ein paar Krüglein über den Durst. Das ›bisserl‹ Zuviel spürte er nun immer in den Knien, und so war es in finsterer Nacht mit dem Heimmarsch vom Wirtshaus eine böse Sache. Da wäre es ihm gar häufig übel ergangen, wenn er seinen ›guatn‹ Haßl nicht gehabt hätte. Der diente ihm als Führer und Laterne. Der Förster brauchte ihn nur unter der Wirtshaustür beim Schweif zu packen, und dann zog der gute Haßl an, leitete seinen Herrn im Schlepptau heimwärts über die pechschwarze Straße und zu guter Letzt noch über die steile Treppe hinauf ins Kämmerlein, wo der Förster nur ins Bett zu fallen brauchte.

Da mag es nun wohl begreiflich sein, wenn es im Volkslied der Berge heißt:

»Und das is dir a Lieb,
Ohne Falsch, ohne End,
Und das is dir a Lieb,
Dö koa Eifersucht kennt!
Und i und mei Hundei
Mier zwoa halten zamm,
Wie d' Stern mit 'n Himi,
Wie der Wald mit die Baam!«

Keine Eifersucht, aber wohl einen Schmerz kennt diese ›Liebe‹. Einem Jäger, wie der einer war, der diese Zeilen gesungen, geht mit dem unausbleiblichen Verlust des gealterten Hundes immer ein Stück eigenen Lebens mit weg vom Herzen.

Und es ist eine harte Sache für solch einen Jäger, wenn er dem treuen Gesellen, mit dem er in einsamer Höhe Leid und Freud geteilt durch lange Jahre, die Kugel geben muß, um das von Alter und Strapazen gebrochene Tier doch wenigstens vor elendem Siechtum zu bewahren.

Da kommt mir die Erinnerung an einen Oktobertag, an dem ich zur Hirschbrunft auf die Berge stieg. Der Jäger, der mich führen sollte, erwartete mich in der Jagdhütte. Ich freute mich schon auf den lustigen Alten, machte aber verdutzte Augen, als ich seine trübselige Miene sah und den mürrischen Gruß hörte, den er mir bot.

»Was is denn los mit dir? Was machst du denn heut für an Kopf? Mir scheint, heut hast an wirklich schiechen Tag?«

»Ja! Recht an schiechen Tag! Mein' Söllmann hab i derschießen müssen, weißt, weil's halt gar nimmer mit ihm gangen is! Den ganzen Sommer hab ich ihm noch 's Gnadenbrot geben. Aber den Winter hätt er nimmer überstanden. Auf eim Aug hat er schon nix mehr gsehn, und 's Schnaufen hat er nimmer dermacht. No mein, da hat's schon ihm z'lieb sein müssen, wann's mich gleich soviel hart ankommen is. Denn so an Hund gibt's nimmer. Wie der an eim ghängt is, das kann i keim Menschen net sagen! Aber no ... heut in der Fruh, da hab ich ihm fürs letztemal noch a Fleisch aufkocht, und dernach hab ich ihn auffigführt ins Holz, an a recht a schöns Platzl hin. Dreimal hab ich auffahren müssen mit der Büchs, soviel haben meine Händ zittert. Und wie ich's endlich zammbracht hab, da hat er sich gstreckt im Schnall. A kloanwunzigsbißl hat er noch gwedelt. Und grad a wengerl hat er sich umgschaut nach meiner, mit zwoa traurige Augen, wie wann er im letzten Schnaufer noch hätt sagen mögen: So? So machst es du *mir*?«

Dem Alten versagte die Stimme. Schnüffelnd fuhr er sich mit dem Ärmel über die Nase und wandte sich ab, damit ich nicht sehen sollte, was ihm dick über die furchigen Backen niederkollerte in den grauen Bart.

## *Pirsch auf den Feisthirsch*

Der Juli geht seinem Ende zu, und mit feurigem Rot verblüht auf den Bergen der Almrausch.

Das Hochwild trägt seit Wochen schon sein lichtbraunes Sommerkleid, die Geweihbildung ist der Vollendung nahe, und allabendlich halten die guten Hirsche mit Einbruch der Dämmerung ihren regelmäßigen ›Auszug‹ auf die weiten, lichten Schläge, um durch die reiche, kräftige Äsung, die sie hier finden, tüchtig ›Feist‹ unter die ›Decke‹ zu bringen. Ein paar Wochen noch, dann sind die Enden des Geweihes ausgeschoben, und stattlich prangt die zackige Krone. Aber je mehr das Geweih sich verhärtet und der die Stangen umkleidende ›Bast‹ ins Trocknen und Welken gerät, desto scheuer und vorsichtiger werden die Hirsche, desto mehr verspätet sich mit jedem Abend ihr Auszug, desto früher ziehen sie bei grauendem Morgen wieder zu Holz – als wüßten sie, daß die Vollendung ihres Hauptschmuckes den Beginn der ihnen drohenden Gefahr bezeichnet.

Wenn dann der Jäger am frühen Morgen sein Revier begeht, findet er nur noch die frischen, alle Wege kreuzenden Fährten. Lauschend und spähend zieht er weiter; da gerät es ihm wohl manchmal, daß er aus dem nahen Dickicht ein gedämpftes Rascheln und Klappern vernimmt, das er leicht zu deuten weiß; und einmal steht er plötzlich stille, ein vergnügliches Schmunzeln auf dem sonngebräunten Gesicht. Er steht vor dem ersten, frischen ›Bschlachter‹, vor einem jungen Fichten- oder Lärchenstämmchen, an dem in der Nacht ein Hirsch ›gschlagen‹ – und dazu noch ›a ganz a guter‹ –, das deuten die hochgebrochenen Zweige an, das verrät an dem Stämmchen die Höhe und Länge der Stelle, von der in Fetzen die zerfegte Rinde niederhängt, während Schweiß und Basthaar an dem kahlen Holze kleben.

Die Fegezeit ist im Gange – mit dieser Meldung steigt der Jäger ins Tal. Und nun beginnt die Jagd auf den Sommerhirsch, auf den richtigen Feisthirsch.

Diese Jagd wird selten mit Treibern geübt, da der Hirsch in der Feistzeit leicht ›vergrämt‹ ist und durch jede allzu laute Beunruhigung veranlaßt wird, seinen Standort zu verlassen und auf lange Wochen zu verschwinden, der Kuckuck weiß, wohin. Nur ausnahmsweise, wenn etwa der Jagdherr selbst oder ein hoher, mit besonderen Privilegien ausgestatteter Jagdgast im Bezirke weilt, werden kleinere, isoliert liegende Bestände ›geriegelt‹. Während der Jäger, zumeist allein oder in Begleitung nur weniger Treiber, mit schlechtem Winde, d.h. bei solchem Winde, der vom Jäger gegen den Stand des Wildes zieht, den ›Bogen‹ unter Vermeidung jedes lauten Geräusches ›angeht‹, indem er langsam den ihm wohlbekannten Wildwegen folgt, die in der Jägersprache ›Riegel‹ oder ›Wechsel‹ heißen – währenddessen hat der Schütze seinen Stand in der Nähe der Stelle, an welcher der unter bestem Winde liegende ›Hauptwechsel‹ aus der Dickung mündet. Da mag es dann wohl geschehen, daß der im Bogen ›bestätigte‹ Hirsch, nachdem er vor dem nahenden Jäger munter geworden, ziemlich vertraut dem Schützen vor die Büchse trollt, um den Schuß zu empfangen und nach kurzer Flucht verendet hinzustürzen in das vom quellenden Schweiße rot sich färbende Gras. Aber nur selten ist der Erfolg ein so günstiger wie bequemer. Gar häufig schlägt solch ein schlauer, gewitzter Recke dem Schützen ein Schnippchen, indem er hart am Saume des Dickichts ›umschlägt‹ oder gleich von Anfang an den Jäger unbekümmert an sich vorüberläßt, um lautlos auf dem Rückwechsel auszukneifen. Oder es ist der Hirsch vor dem Jäger allzu ›munter‹ geworden; dann geht's mit Brechen und Rauschen durch die Büsche, wie ein Husch über die schmale Lichtung – und während der Hirsch in rasender Flucht, das Geweih tief in den Nacken drückend, zwischen schützendem Gezweig verschwindet, bohrt die nachgeschickte Kugel ein schnell vernarbendes Loch ins Blaue. Ist aber die Kugel dennoch flüchtiger gewesen als die Flucht des Hirsches, dann trägt er zumeist einen schlechten Schuß davon, einen Weidwund- oder Schlegelschuß, und da setzt es nun eine langstündige, mühevolle Suche mit dem angeriemten Schweißhund oder eine den ganzen Bezirk beunruhigende Hetze, bis der Hirsch gefunden oder gestellt ist – wenn er überhaupt zur Strecke gebracht wird und nicht ungefunden in einem verlorenen Winkel des weiten Bergwaldes verendet. Doch wenn auch der Erfolg ein günstiger ist, so mag bei solcher Jagd doch nie die rechte Weidmannsfreude sein.

Die weidgerechteste Jagdart zur Feistzeit ist jene, die den ruhigsten, sichersten Schuß ermöglicht: der Ansitz vor dem abendlichen Auszug, der Ansitz und die Pirsch vor dem Einzug bei grauendem Morgen und die ›Trapfpirsch‹ nach einem starken Gewitterregen, nach dem sich alles Haarwild von den ›trapfenden‹ Büschen und Bäumen aus dem Dickicht auf die Schläge treiben läßt, um sich draußen ›abzubeuteln‹ und in der warmen, hell durch die Wolken brechenden Sonne das nasse Fell zu trocknen.

Der ruhigste, sicherste Schuß – das war vorerst nur vom Standpunkt des praktischen Jägers gesprochen. Aber auch der Naturfreund findet bei dieser Jagdart seine beste Rechnung. Ein solcher steckt ja schließlich in jedem richtigen Jäger, und so kommt es – man mag die Grammatik der Jägerei von Anfang bis zu Ende durchblättern –, daß jedem edleren Wilde gegenüber jene Jagdart als die weidgerechteste gilt, die mit der sichersten Erlegung den reichsten, mannigfaltigsten Genuß der Natur und ihres Tierlebens vereinigt.

Und welch ein Hochgenuß, so hinauszuziehen in Berg und Wald, wenn nach Sturm und Wetter sich der Himmel klärt, wenn in der Ferne dumpf die Donner verrollen, wenn der letzte Entscheidungskampf der Wolken um die Zinnen der Berge wogt, wenn ein kräftiger Erdgeruch, vermischt mit süßem Blumenduft, die Lüfte füllt, und die ganze Natur so recht von Herzen aufzuatmen scheint in Erquickung und Frische! Oder vor Anbruch des Tages die gemütliche Hütte zu verlassen und hineinzuschreiten in die stille Dämmerung, wenn fern über den westlichen Bergen die letzten Sterne erlöschen, wenn im Osten das wachsende Frühlicht in farbigen Bändern emporschwimmt über den Himmel, wenn der Tau wie ein grauer, seidenartig schimmernder Schleier über allem Grunde liegt, wenn die steigende Helle in den zahllosen Tropfen, unter denen sich die schlanken Gräser tief zur Erde neigen, ein buntes Glühen und Blitzen weckt, wenn aus Bäumen und Büschen sich die ersten schüchternen Vogelstimmen hören lassen, und wenn der volle Tag erwacht in seiner leuchtenden Glorie! Und welchen Reichtum an stillen Reizen bietet am Abend das stundenlange Verweilen an einer Stelle, wo dem Jäger zu Häupten sich die wildzerrissenen Felsen über den Bergwald türmen, während ihm zu Füßen das tiefe Tal gebettet liegt in sanfter Schönheit! Dieser Reichtum erschöpft sich nicht und wird nicht ausgenossen, da er mit jedem Abend sich neu erzeugt in neuer Form. Jeder einzelne Abend hat seinen eigenen Reiz, jeder andere ein anderes Gesicht.

Da wär' es auch ein vergebliches Unterfangen, den wechselnden Reiz solcher Abende in ein typisches Gemälde fassen zu wollen. Ich muß an einen bestimmten Abend denken, den ich droben in den Bergen verbrachte.

Ich weilte damals seit einer Woche auf der Herrenrointhütte, die auf einem weit in das Königsseer Tal hinausgebauten Vorberg des Watzmann gelegen ist. Abend für Abend hatte ich vergeblich des guten Hirsches gewartet, der über dem Kaltenkellerschlag in einer steilen Dickung seinen Standort hatte. Nun war's am 10. August. Während des Vormittags war ein Gewitter über die Berge hingegangen, ohne recht zum Ausbruch zu kommen. Aus den im Kreise treibenden Wolken rieselte den ganzen Tag hindurch ein dünner Regen nieder. Schon gab ich den Abend für verloren; doch unerwartet, gegen sechs Uhr, ließ der Regen nach, die Wolken klüfteten sich, und mit goldigen Strahlen spielte die sinkende Sonne über den Berghang. In rosigster Laune und in der sicheren Erwartung, daß solch ein Abend den Hirsch zu zeitlicherem Auszug veranlassen würde, suchte ich gegen sieben Uhr auf dem nur wenige Minuten von der Jagdhütte entfernten Schlag mein altes Plätzchen auf. Das lag auf dem Abhang eines kleinen, den weiten Schlag beherrschenden Hügels. Eine weiche Moosplatte diente mir zum Sitz, während ein schräger Felsblock eine bequeme Lehne bot. Hoch emporgeschossene Gräser, ein junges Fichtenböschlein und niedere, schwach belaubte Ahornstämmchen, die mir zu Füßen aus dem steinigen Grund stiegen, gaben mir gute Deckung, ohne den Ausblick zu hemmen. Auch der Wind ließ nichts zu wünschen übrig; scharf zog er über die steile Dickung nieder. Mit sachten Bewegungungen richtete ich mich in jägermäßigem Sinne häuslich ein. Ich zog das Fernrohr auf und lehnte es an den Felsblock; den Bergstock schob ich senkrecht vor mir in die Steine, um ihn als Stütze des Fernrohrs gleich parat zu haben; das kleine Doppelglas, das in der Dämmerung, wenn dem Fernrohr das Licht schon ausgegangen, noch gute Dienste tut, steckte ich lose in die rechte Joppentasche und legte die Büchse in Bereitschaft über das Knie. Dann kreuzte ich die Arme und schickte die Augen auf die Reise.

Tiefer Schatten lag schon auf dem weiten Schlag und der steilen Dickung, über deren höchste Wipfel der schroffe Riesenzacken des Watzmann, noch sonnbeschienen, majestätisch herunterblickte. Graue, vielgestaltige Schattenbilder überhuschten seine Wände, wenn die leichten Nebel oder die schweren, von goldenen Tönen behauchten Wolken im Winde über seine Zinne trieben. In jagender Eile überflog das zerrissene Gewölk den mir zur Linken in unsichtbarer Tiefe liegenden Königssee und mischte sich in die wogenden Nebelmassen, die alle Kuppen der jenseitigen Berge noch verschleiert hielten. Aber mehr und mehr mit jeder Sekunde hob sich da drüben der Nebel, weiter und weiter wuchs am Himmel das Blau, und bald lag wolkenlos und in sonniger Pracht die ganze herrliche Felsenkette vor meinen Augen gebreitet, von dem gezahnten Grat des Hohen Göll bis zu den plumpen Felskolossen der Fundenseetauern, hinter denen in hoher Ferne die scharfen Spitzen der Teufelshörner aufwärtsstachen über das blendendweiße Schneemeer der Übergossenen Alm.

Nur ungern trennte sich mein Blick von dem leuchtenden Bilde, um zurückzukehren auf den schattendunklen Grund zu meinen Füßen. Und da bekam ich gleich eine Mahnung, daß es an der Zeit wäre, die Augen bei der Sache zu halten. Kaum hundert Schritte unter mir war eine Rehgeiß mit ihrem Kitz auf den schmalen Wiesenfleck getreten, mit dem sich der Schlag zu meiner Rechten in die Dickung spitzte. Fleißig äsend zog das Kitzlein über das Gras; die Geiß aber hielt die großen, dunklen ›Lichter‹ auf mich gerichtet. Halb die Augen schließend, saß ich regungslos – und da schüttelte sie endlich die ›Lauscher‹ und begann zu äsen. Die Sache mochte ihr aber doch nicht ganz geheuer dünken, denn wieder ›sicherte‹ sie windend, um dann plötzlich mit kurzen Fluchten in das Dickicht zu verschwinden, wohin ihr das Kitzlein nach einigem Zögern in sichtlicher Verwunderung folgte.

Lächelnd atmete ich auf und ließ die Blicke nach allen Winkeln des weiten Schlages streifen, über dessen üppigen dunkelgrünen Kräuterwuchs in wirrem Wechsel die braunen Baumstöcke und Wurzelknorren, die moosigen Felsblöcke und die weißen Steine ragten. Weit drüben senkte sich der Schlag über einen langgezogenen Rücken einem Dickicht zu, von dem ich nur die höchsten Gipfel gewahren konnte. Kleine Fichtengebüsche hielten diesen Rücken besetzt, und zuoberst auf ihm erhob sich ein riesiger Felsblock, auf dessen Platte einzelne halbwüchsige, meist dürre Bäumchen schief durcheinanderhingen. In der Mulde, welche die Höhe da drüben von meinem Sitz trennte, rann mit Murmeln und Gurgeln ein unter Kräutern und Farnen verstecktes Bächlein. Zu dem melancholischen Geplauder dieses Wassers gesellten sich die pispernden Stimmen der Meisen, die zwischen Büschen und Steinen so eilfertig hin und her flatterten, als hätten sie allerlei wichtige Dinge noch schnell zu besorgen, bevor der Tag zu Ende ging. Aus dem höheren Dickicht ließ sich der weiche Schlag einer Bergamsel hören, während vom tieferen Gehänge herauf der krächzende Schrei eines Tannenhähers und ab und zu das hastige Pochen eines Spechtes klang. Weit über den See einher scholl manchmal, durch die Ferne gedämpft, das Brüllen der auf den Almen weidenden Rinder und das matt vernehmbare Läuten ihrer tieftönenden Glocken.

Einmal auch hörte ich fauchende Flügelschläge über mir, und als ich zur Höhe blickte, gewahrte ich einen der großen Bergraben, der durch die gelbleuchtende Abendluft seinem Horst entgegenstrich. Während ich dem Zug des Raben folgte, trafen meine Augen auf den steilen Lahnstreif, der hoch über mir das Dickicht auseinanderteilte. Da meinte ich ›Rot‹ zu sehen. Langsam richtete ich das Fernrohr. Ein Gabelhirsch und zwei ›Kälberstücke‹ mit ihren Kälbern erschienen mir im Glase. Befriedigt legte ich das Fernrohr beiseite; der frühe Auszug dieses Rudels weckte gute Hoffnung in mir.

Rasch warf ich noch einen Blick auf die Uhr. Ein Viertel vor acht, der Beginn der ›besten Zeit‹. Dann ließ ich meine Augen rastlos über den Saum des Dickichts auf und nieder gleiten. Im scharfen Spähen mußte ich schon die Brauen furchen, denn die Schatten begannen sich bereits zu vertiefen, und allmählich dämpfte sich der helle Schein des Himmels. Es wurde stiller und stiller um mich her, in der Ferne verstummte das Brüllen und Läuten der Rinder, die Vogelstimmen klangen sanfter und seltener, und bald vernahm ich nur noch das Murmeln des kleinen Baches. Aber auch das Wasser schien mit jeder Sekunde leiser und leiser zu werden. Einmal noch, kurz vor Einbruch der eigentlichen Dämmerung, ließen sich mehrere Vogelstimmen zugleich vernehmen. Dann schien der Bergwald wie ausgestorben. Und nun begann es in meinen Ohren allmählich anzuklingen, jenes seltsame, unbeschreibliche Geräusch, das jeder Weidmann kennen wird, der zur Sommerszeit auf dem abendlichen Ansitz auch noch auf andere Dinge merkt als nur auf das Brechen des Wildes im Dickicht. Das ist wie ein Singen und Zirpen zahlloser Tierchen, wie ein Zwitschern von vielen Vögelchen, wie ein Brummen und Summen von Hummeln und Bienen, aber ganz leise, nur eben noch vernehmbar. Bald scheint es in der Luft zu liegen, bald wieder aus der Erde zu quellen – und man fragt sich, ob man es wirklich hört oder ob es nur eine akustische Täuschung ist, eine Folge des stundenlangen angestrengten Lauschens.

Wieder einmal, wie schon so häufig, legte ich mir im stillen diese Frage vor, als mich ein fiepender Laut aus meinem Sinnen weckte. Tief aus dem Dickicht scholl das ›Blatten‹ einer Rehgeiß. Kaum hatte ich den Laut vernommen, da hörte ich vom Schlag herüber das Brechen dürrer Zweige, und als ich hastig die Augen wandte, sah ich ein Reh mit rasender Flucht im Dikkicht verschwinden. Das mußte ein Rehbock gewesen sein, der in brünstigem Eifer den lockenden Liebeslauten folgte. Woher war er gekommen? Hatte er auf dem Schlage gestanden, ohne daß ich ihn bemerkt hatte?

Unter der ärgerlichen Befürchtung, daß mir der liebestolle Bursch durch seinen lauten Eifer den Hirsch vergrämt haben könnte, der, wenn er überhaupt ans Kommen dachte, schon im Auszug begriffen war – unter solcher Befürchtung blickte ich unwillkürlich nach den tieferen Gehängen des Schlages, von denen der Störenfried gekommen sein mußte. Doch unerwartet zog ein wundervolles Schauspiel meine Augen über das Seetal nach den fernen Bergen. Dort waren die grauen Schatten schon emporgestiegen über Wald und Almen bis zu den kahlen Felsen; doch über diesen Schatten glühten alle Wände und Schrofen in dunkelrotem Feuer, und gleich den erstarrten Flammen einer riesigen Lohe hoben sich die Zacken und Spitzen von dem tiefblauen Himmel ab, über den die nahende Nacht schon ihre ersten Schleier spann.

Selten hatte ich dieses Schauspiel in solcher Schönheit genossen, und immer hingen meine Augen an dem herrlichen Bilde, bis plötzlich der Jäger wieder in mir rege wurde, so daß ich fast erschrocken die vergessene Nähe suchte. Doch bei dem raschen Wechsel zwischen Licht und Schatten erschien mir alles schwarz vor dem Blick. Um die Augen zu beruhigen, schloß ich für einige Sekunden die Lider. Und als ich sie wieder öffnete, schoß mir das Blut zum Herzen. Mitten auf dem Schlage stand der sehnsüchtig Erwartete. Ich hatte sein

Kommen überhört, seinen Auszug übersehen. In stolzer Schönheit stand er da drüben und warf wie spielend mit dem ›Äser‹ ein großes Lattichblatt in die Höhe. Trotz der Dämmerung gewahrte ich deutlich das schwankende Geweih und meinte sogar die weißen Spitzen der dreizackigen Krone zu erkennen. Ein Zittern befiel meine Hände, während ich das Doppelglas an die Augen hob, um meiner Sache noch sicherer zu werden. Das Unerwartete des Anblicks hatte mich um meine Jägerruhe gebracht. In Unruh und Sorge begann ich die Entfernung zu schätzen. Zweihundert Schritte! Zu weit – nicht für die Kugel – aber zu weit für einen guten, sicheren Schuß! Mich überkam eine fiebernde Spannung. Wird er näher ziehen? Während der wenigen Minuten, solange noch Schußlicht herrscht? Oder wird er aufwärts ziehen gegen den Rücken des Schlages? Da schwellt mir ein erleichternder Seufzer die Brust. Ich sehe den Hirsch mit vertrauten Schritten talwärts trollen. Er kommt mir näher, immer näher, wenn auch langsam. Und nun verhält er sich äsend vor einem Fichtenbusch, und da steht er mir auf etwa hundertvierzig Schritte. Tiefer und tiefer sinkt die Dämmerung, schon verschwindet mir das Geweih. Aber noch immer warte ich. Nur zwanzig Schritte noch, denke ich, dann –

Doch während ich denke, seh' ich, daß der Hirsch das Haupt erhebt, wie überlegend aufwärts windend

*Mitten auf dem Schlage stand der sehnsüchtig Erwartete.*

gegen den Waldrücken, und während ich mir diese Bewegung noch zu deuten suche, zieht er bereits äsend der Höhe zu. Nun ist's aber höchste Zeit! Ein Schauer rinnt mir über die Schultern. Kaum aber halt' ich die Büchse an der Wange, da hab' ich meine Ruhe wieder gefunden, und fest wie Schrauben schließen sich meine Hände um Schaft und Rohr. Ein paar Sekunden brauche ich, um vor einem weiß durch die Dämmerung leuchtenden Steine die richtige Stellung des Visiers zu fassen. Dann fahr' ich langsam auf. Nun sitz' ich mitten drin im roten ›Blatt‹ des Hirsches, der ›wannenbreit‹ vor der Büchse steht. Und da bricht der Schuß.

Dumpfhallend rollte das Echo über den Bergwald, während ich durch den verwehenden Pulverdampf den Hirsch mit langen, prächtig anzuschauenden Fluchten die Höhe gewinnen sah. Dort oben hielt er plötzlich inne, drehte das Haupt nach allen Seiten und verschwand dann langsam hinter dem Hügel. Was war das nun für ein ›Zeichen‹? Es konnte das beste sein, aber auch das schlimmste. Entweder saß ihm die Kugel in der ›Kammer‹ – oder der Hirsch war ›wurzweg‹ gefehlt. Das letztere konnt' ich nicht glauben. Das sagte ich mir ein um das andere Mal vor, und dennoch stieg mir die Erregung heiß unter die Haare, während ich mein Zeug von der Erde raffte. Ein paar Minuten – und ich hatte mich durch den Storren- und Kräuterwust bis zum Schußplatz durchgekämpft.

Der tiefe ›Fluchtriß‹ in dem moosigen Grund bezeichnete die Stelle. Nach Schnitthaaren zu suchen wäre bei der herrschenden Dämmerung vergebliche

Mühe gewesen. Doch wenige Schritte nur brauchte ich der Fährte zu folgen, da fand ich schon den ersten Schweiß. Wie auf dem Präsentierteller bot er sich meinen suchenden Blicken, lag in großen Flocken auf einer weißen Felsplatte. Ich bückte mich und fand ihn durchsetzt mit schaumigen Bläschen. Ein Lungenschuß also, ein Schuß, mit dem der Hirsch gewiß keine hundert Gänge weit gekommen war. In Hast überstieg ich den Rücken des Hügels – und da flog mein Hut in die Höhe, während ich einen Juhschrei in die dämmerigen Lüfte schickte. Kaum zwanzig Schritte vor meinen Füßen lag der kapitale Herr verendet im dunklen Kraut. Und welch ein Geweih! Die Zwölferstangen weit gespannt, von lichtem Braun und übersät mit dicken Perlen.

Während ich vor dem Hirsche kniete, um die ›Granen‹ aus seinem Äser zu schneiden, kam der Jagdgehilfe, den mein Schuß aus der Hütte gerufen. Und an mein Weidwerk schloß sich nun das Handwerk des Jägers. Bis der Hirsch aufgebrochen, ins nahe Dickicht geschleift und mit Fichtenzweigen überdeckt war, hatte sich die Dämmerung zur Nacht gewandelt. Und während wir plaudernd heimwärts schritten zur Hütte, blitzten am stahlblauen Himmel schon die Sterne in zahlloser Schar.

## *Seltene Gäste*

Durch unsere moderne Jägerei, der die Tierwelt des heimatlichen Waldes bei aller schönen Mannigfaltigkeit nicht mehr genügen will, geht die Sehnsucht nach exotischen Jagdgenüssen. Weidmännische Exkursionen nach fernen Welten wurden unternommen, man jagt den Elefanten, den Löwen und die Antilope in Afrika, den Tiger in Indien, den Steinbock in den Pyrenäen und im Kaukasus, den Wapiti in Amerika, den Bären in Rußland, den Elch in Schweden und auf den Schneefeldern der norwegischen Fjordberge. Daneben mehren sich die Versuche, exotisches Wild in unserem deutschen Walde heimisch zu machen. Die Einbürgerung des wilden Truthahnes ist an vielen Orten geglückt, aber die Jagd auf diesen ebenso dummen und trägen wie schön gefiederten Vogel scheint mir alles andere eher zu sein als eine weidmännische Freude. Auch das aus den Urwäldern Australiens importierte Känguruh will sich an den kühlen Schatten deutscher Eichen und Buchen gewöhnen – wenn es nicht gerade von einem Bauernknüppel erschlagen oder von einer Mistgabel ›geforkelt‹ wird. Und wurde auch mit dem

Mufflon in unseren heimischen Bergen noch kein Versuch unternommen, so hat sich dieses wilde Bergschaf doch schon auf den grünen Höhen von Oberösterreich gut eingelebt und zu ansehnlichen Rudeln vermehrt.

Doch höher als die Jagd auf solch eine ›weidmännische Treibhauspflanze‹ wertet für jeden echten Jäger noch immer der Schuß auf einen jener seltenen Gäste, die als vereinsamte und verirrte Nachkommen einer längst vergangenen Zeit zuweilen noch das eine und andere unserer deutschen Reviere durchstreifen, um dann für Tage und Wochen die gesamte Jägerei der beglückten oder bedrohten Gegend in heiße Aufregung zu versetzen, bis der seltene Gast von einem weidmännischen Sonntagskind erbeutet wird oder auf Nimmerwiedersehen verschwindet.

Dem Jäger von heutzutage läuft das Wasser im Mund zusammen, und die Zähne werden ihm lang, wenn er in den fürstlichen Jagdregistern vergangener Jahrhunderte oder in den alten Chroniken jagdherrlicher Klöster blättert und aufgezeichnet findet, was da neben Hirschen und hauenden Schweinen alljährlich erbeutet wurde an Bibern und Wildkatzen, an Luchsen, Wölfen und Bären! Das hat sich gründlich geändert im Lauf der Zeiten – zum Glück für die Sicherheit des menschlichen Verkehrs und für das Gedeihen unseres Nutzwildes – aber doch auch zum Leide für manch einen Jäger, der sich bei seinem täglichen Weidmannsbrot zuweilen nach einem Extrabraten sehnt, nach einer jeden Nerv aufrüttelnden Erregung, nach einer Jagd, welche Kampf ist. Steht er bei Hubertus in warmer

Gunst, so braucht er, um solche Jagd zu finden, nicht übers weite Meer zu fahren – er kann sie auch noch in der Heimat finden.

Völlig ausgestorben in unseren deutschen Wäldern und Bergen ist nur der Luchs. Meines Wissens wurde der vorletzte 1840 zu Hindelang im Allgäu, der letzte 1846 bei Reißenstein in Württemberg erlegt. Dagegen wird die Wildkatze vereinzelt noch im Fichtelgebirge, im bayerischen Wald, im Spessart, in der Rhön und im Schwarzwald angetroffen. Seltener ist der Wolf geworden, der nur noch in grimmigen Wintern als einsamer und scheuer Wanderer an unseren östlichen und westlichen Grenzen erscheint.

Und als der seltenste dieser seltenen Gäste ist der Bär zu bezeichnen. Seit der letzte am 24. Oktober 1835 auf einer Treibjagd zu Ruhpolding bei Traunstein erlegt wurde, galt der Bär in den bayerischen Bergen als ein für alle Zeiten verschwundenes Wild. Doch im Winter 1896 wurde ein Bär im Karwendelgebirge zwischen Riß und Mittenwald gespürt. Und so mag auch heute noch jeder Hochlandsjäger, wenn er auf Hirsch oder Gemsen pirscht, allstündlich gewärtig sein, dem braunen Gesellen im düsteren Bergwald oder im steilen Gewände zu begegnen. Vor kurzer Zeit erst wurde ein Bär bei Pfunds im Oberinntal von einem Bauern erlegt, und es mehren sich seitdem die Nachrichten von Bären, die in den Tiroler Bergen gespürt und gesehen wurden. Da wär es wohl möglich, daß der Bär vom Karwendelgebirge bald einen Nachfolger fände, der über die deutsche Grenze wechselt, ohne beim Zollamt vorzusprechen – und wenn ich in meinem schönen Bergrevier zwischen Wetterstein und Zugspitze auch strenge Hege führe, so möchte ich doch ein paar Hirschkälber verschmerzen für die Aussicht, dem seltenen Meister Petz eine Kugel aufs Blatt zu setzen.

War mir auch das Jägerglück, solch eine stolze Beute zu erringen, bis heute nicht beschieden, so hatte ich doch vor Jahren Gelegenheit, von den Aufregungen der Bärenjagd einen Vorgeschmack zu kosten. Meine Phantasie würde ausreichen, um dieses Erlebnis zu einem Abenteuer auszuschmücken, bei dessen glücklichem Ende ein gewaltiger, mit einem Meisterschuß gestreckter Bär verendet vor meine Füße rollt. Aber ich will als Jäger eine Ausnahme von der lateinischen Regel bilden und streng bei der Wahrheit meiner Geschichte bleiben. Um sie erleben zu können, mußte ich, der Einladung eines Freundes folgend, eine weite Reise tun – bis in die beschneiten Karpatenberge.

Es war an einem naßkalten Märztage, als ich, stolzer Hoffnungen voll, zu Illava dem Coupé entstieg. Ein leichter Wagen mit flinken Pferden brachte mich nach schwerem Kampfe gegen Regen, Sturm und Schneegestöber in die inmitten eines großen Slowakendorfes gelegene Oberförsterei, in deren gemütlicher, mit weidmännischen Trophäen geschmückter Jägerstube mir ein freundlicher Empfang bereitet wurde. Unsere Jagdaussichten wären die besten gewesen, denn die Nachricht, welche die Heger brachten, lautete: »Sieben Stück Schwarzwild und zwei Bären eingekreist!« Aber der wolkenschwere Himmel machte einen dicken Strich durch diese schöne Rechnung. Immer dichter fielen die Flocken, so daß auf zwanzig Schritte die Bäume nur noch wie nebelhafte Striche zu sehen waren. Da mußte wohl oder übel die Fahrt in die Berge für den nächsten Morgen verschoben werden. Gegen Abend ließ endlich das Gestöber nach, und aus den ziehenden Nebeln tauchten die silberglänzenden Berge hervor. Wie sauber und appetitlich sieht ein Slowakendorf aus, wenn über seinen Schmutz und Unrat der Schnee die weißen, reinlichen Tücher zog!

Nach einer Nacht voll wachender Ungeduld und banger Wettersorge traten wir am frühen Morgen mit langen Gesichtern vor die Tür. Es schneite wieder, was in der Luft nur Platz hatte. Und ein paar Fuß hoch lag der Schnee bereits. Dazu ein starrender Frost, der den Atem vor den Lippen in stäubende Kristalle verwandelte. Aber zu weiterem Abwarten verblieb nun keine Zeit mehr. Mit Peitschenknall und klingenden Schellen fuhr der Schlitten vor, wir wickelten uns in die dicken Pelze. Erst noch ein Gläschen des nationalen Wacholderschnapses Borowiczka, der die Kehle in ein Katzenfell verwandelt und das Zwerchfell in schmerzliche Falten zieht wie ein meuchlerischer Kalauer – dann hinaus in Schnee und Gestöber. Eine Stunde ging es durch verschneite Waldschluchten, vorüber an einsamen Hütten und armseligen Dörfchen. Dann war, inmitten eines langgestreckten Bergtales, das Jägerhaus erreicht, um dessen Tür die Treiber standen, etwa zwanzig Slowaken, in ihre weißen, schwarz verschnürten Kapuzmäntel eingemummelt, die Füße mit Filzlappen klumpenartig umschnürt. Jeder von ihnen trug eine leichte Holzaxt, die als Stock benützt wurde, und eine schwarze, mit Messingknöpfen beschlagene Ledertasche; fettige Haarzotten hingen unter den mürben Hüten hervor über die furchigen, abgezehrten Gesichter und über die kleinen blitzenden Augen. Ein Chorus malerischer, aber auch erbarmungswürdiger Gestalten! Man hätte diesen hageren, schwächlichen Menschen die zähe Ausdauer und geschmeidige Kraft nicht zugetraut, die sie im Verlauf der beiden Jagdtage zu meinem Erstaunen bewiesen.

Während das Frühstück eingenommen wurde, kamen die bereits vor dem Morgengrauen zum Abspüren ausgegangenen Heger zurück, schweißtriefend von der schweren Strapaze, bis an die Brust mit angefrorenem Schnee behangen. Ihre Nachricht lautete weniger günstig als am vergangenen Tage; nur drei Stück Schwarzwild waren mit Sicherheit bestätigt, und von den beiden Bären war nur die frische Fährte des Schwächeren aufgefunden worden. Demgemäß wurde Beschluß gefaßt: der erste Tag für die Schwarzröcke, der zweite für die Bären.

Nun ging die Wanderung los; das war eine verwünschte Arbeit, zwei volle Stunden steil bergan durch metertiefen Schnee; voraus im Gänsemarsch die zwanzig Slowaken und wir hinter ihnen in der schmalen Gasse, die sie mit ihren Klumpfüßen getreten hatten. Achtsam mußte man in die Fußspur des Vordermannes treten; wer nur eine Handbreit daneben trat, stak im gleichen Augenblick bis an die Brust im Schnee, der die

Glieder festhielt wie mit klebrigen Polypenarmen. Man kann sich zärtlichere und angenehmere Umarmungen denken als diese. Endlich war auf einer steilen Höhe das Tannendickicht erreicht, in dem ein starker Keiler bestätigt war. Die Treiber überstiegen das Dickicht in weitem Bogen, lautlos wurden die Schützen angestellt, und als die Treiberwehr sich zu bewegen begann, wurden die Brackierhunde auf die frische Fährte gesetzt. Es währte nicht lange, da erhob sich im Dickicht ein wahrer Höllenlärm, ein Rumoren, Umschlagen und Grunzen, dazu ein ohrzerreißendes Gekläff der Hunde. Immer näher kam der Spektakel, der das Jägerherz zu hastigen Sprüngen befeuerte. Aber je unruhiger die Pulse wurden, desto fester legten sich die Hände um Lauf und Schaft der gespannten Kugelbüchse. Jetzt schwankten am Rande des Dickichts die kleinen Tannen, daß die weiße Last von ihren Ästen niederklatschte, und durch den aufstäubenden Schnee kam's herangewirbelt wie eine riesige schwarze Pelzkugel. Krachend hallte der Schuß durch den winterlichen Wald, das Echo brach sich an den Berglehnen, und mit heiserem Geläut stürzten die Hunde dem talwärts flüchtenden Keiler nach. Ein paar Minuten voll banger Sorge. Getroffen oder nicht? Triumph! Auf dem Schußplatze hatte der Keiler ein Büschel Borsten als notgezwungene Visitenkarte zurückgelassen, und schon nach etwa fünfzig Schritten begann die reichliche Rotfährte, deren dunkle Färbung einen Weidwundschuß vermuten ließ.

Ein Heger und ein Treiber wurden dem angeschossenen Stück nachgeschickt, die übrige Gesellschaft machte sich auf den Weg zum zweiten Treiben, über den Kamm des Berges hinüber, hinunter ins Tal und wieder eine geschlagene Stunde empor durch dicken Schnee. Hier wies mir der Förster auf einer befahrenen Straße meinen Posten unter Versprechungen an, die stark an jene alte Jägeranekdote erinnerten, nach welcher ein graubärtiger Weidmann seinen Jagdgast auf einer Landstraße mit folgenden Worten anstellte: »Da müssen S' gnau aufpassen, an dem Platzl kann alles mögliche kommen, a Hirsch, a Wildsau, a Rehbock, vielleicht streicht gar a Auerhahn daher, a Has kommt gwiß! Wenn aber gar nix kommt, nachher kommt der Postwagen, und dem geben S' den Brief da mit!« Sprach's, überreichte dem verblüfften Hubertusjäger ein dickversiegeltes Schreiben und schlug sich seitwärts in die Büsche. Die ominöse Erinnerung an diese Anekdote sollte recht behalten. Drei volle Stunden hielt ich in der grimmigen Kälte auf meinem Posten aus. Dann kamen zwei ächzende Holzfuhrwerke. Sonst nichts.

Es dämmerte, als wir nach dem resultatlosen Triebe heimwanderten zum Försterhaus. Wie nach solchem Marsch das Essen schmeckte! Der knurrende Hunger schnappte wie ein ungeduldiger Pudel die Bissen aus der Hand. Während wir in der angenehm durchwärmten Stube aufs eifrigste damit beschäftigt waren, den begehrlichen Gesellen zu befriedigen, kehrte der Heger zurück, den wir nach dem angeschossenen Wildschwein ausgeschickt hatten. Er kam ohne den Keiler, aber mit blassem Gesicht und einer langen Geschichte.

Er hatte nach vierstündigem Waten im Schnee und nach unterschiedlichen Abenteuern den Keiler, einen Burschen von seltener Wildheit und Stärke, in einem Wacholderdickicht aufgespürt. Mit gespannter Büchse kroch er unter den Büschen auf der Fährte nach und sah den Keiler nicht früher, bevor er sich nicht unmittelbar vor dem Bett des angeschossenen Schweines befand. Dieser kecke Besuch ging dem Schwarzrock, der sich begreiflicherweise ohnehin nicht in der rosigsten Laune befand, doch über den Strich. Mit zornigem Grunzen fuhr der schwarze Einsiedler aus seinem rotgefleckten Neste, und im gleichen Augenblick lag unser Held auch schon kopfüber im Schnee und streckte die Füße in die Höhe, während die beiden Läufe seiner Büchse sich in die Luft entluden. Er schilderte uns diese Katastrophe in seinem Slowakendeutsch mit den Worten: »Hot mich Sau umworfen und hot mich dorten lassen.« Wir mußten lachen. Dem Heger aber kam die Sache nicht besonders lächerlich vor. Er erzählte uns die Geschichte eines Kollegen aus dem angrenzenden Jagdbezirke, den vor wenigen Wochen ein alter Keiler aufgespeist hatte bis auf die Stiefelröhren. Die wilden Schwarzröcke in den Karpaten sind eben ganz andere Kerle als die zur Sanftmut aufgemästeten Bewohner eines Wildschweinparkes.

Nach einer Nacht, in der mir trotz der brennenden Gedanken an die Bären die Müdigkeit einen gesunden Schlaf bescherte, erwachten wir an einem herrlichen Morgen. Der Himmel blau und sonnig, die Luft wie Gold, der Grund und alle Berge wie gleißendes Silber –

eine Pracht und Schönheit, die keine Feder zu beschreiben vermag, die man gesehen haben muß mit eigenen Augen, um zu glauben, daß die Bergnatur in Tod und Winter fast noch herrlicher und wundervoller erscheinen kann als im blühenden Leben des Sommers.

Beinahe wortlos wanderten wir in diesem die Augen blendenden Glanz und Schimmer durch die Waldschlucht, die in mäßiger Steigung zu unseren Ständen führte. Dreimal kreuzten wir bei diesem Marsch die frische Bärenspur. Sie ist anzusehen, als wäre da ein menschlicher Riese mit nackten Füßen gegangen. Entlang einem Bache, in dem ein rauschendes Quellwasser leise murmelte, wurden die Schützen aufgestellt. Zuerst die Weisung: Jeder Schütze hat auf den Schuß seines Nachbarn sofort auf den Schußplatz zu eilen, um im Notfall Hilfe zu leisten. Dann ein halblautes »Weidmannsheil!« Und man blieb allein mit seiner hochgespannten Jägerhoffnung und seinem ungeduldig klopfenden Herzen. Die erste Bärenjagd! Der Jäger wird den prickelnden Reiz dieses Wortes nachfühlen. Für den Nichtjäger ist er auch in langen Spalten nicht zu schildern.

Man säubert eine kleine Stelle vom Schnee, drückt den Jagdstuhl in den harten Boden, man läßt sich nieder, lockert das scharfgeschliffene Fangmesser in der Scheide, nimmt die schußfertige Büchse quer über den Schoß und stellt die gespannte Reservebüchse aufrecht

*»Hot mich Sau umworfen und hot mich dorten lassen.«*

in den Schnee, so daß sie mit einem raschen Griff handlich zu fassen ist. Die Ohren sind gespitzt, und die Augen gehen auf die Reise. Unermüdlich bohren sich die Blicke in das dämmerige Licht des winterlichen Waldes, in dessen dicht vernetzten Ästen der dicke Schnee gleich einer festgeschlossenen Decke liegt.

Da geben die Hunde Laut. Eine heiße Blutwelle schießt vom Herzen in die Stirn. Im nächsten Augenblick ist die Ruhe wieder gewonnen, und mit verhaltenem Atem lausch' ich dem Geläut der Hunde, das meine Spannung zu brennender Erregung steigert, wenn es sich nähert, und mich mit ungeduldigem Ärger und bitterer Enttäuschung erfüllt, wenn es sich langsam wieder entfernt.

Hin und her geht die kläffende Jagd der Hunde, nun verstummt sie ganz, um nach halbstündiger Pause wieder aufzuklingen und allmählich im fernen Walde zu verhallen. Der Trieb ist zu Ende, die Treiber kommen, und in erregten Worten wird der Gang des Jagens besprochen. Die Hunde haben den Bären aufgestöbert, sie haben seine Spur wieder verloren, und während der Bär unbeschossen über den Kamm des Berges hinüberwechselte, fielen die Hunde ein Stück Schwarzwild an.

Nun gilt es, dem Ausreißer nicht Zeit zu lassen, das Weite zu suchen. Die Slowaken setzen sich in Trab, um den Waldberg im Tal zu umgehen. Für uns aber kommt ein zweistündiges Klettern im Schnee, gegen das der anstrengende Marsch vom vergangenen Tage der reine Erholungsbummel war. Um zwei Uhr mittags hatten wir den Grat erreicht. In mühsamer Wanderung, oft bis an die Arme im Schnee versinkend, suchen wir dem Grat entlang unsere Stände zu gewinnen. Man keucht, man ist in Schweiß gebadet, aber jede Minute ist kostbar. Endlich sind wir zur Stelle – das ist der beste Stand, ein mit niederem Gebüsch überstreuter Abhang, dicht neben den steil abfallenden Felsen, unter denen der Hauptwechsel des Bären liegt. Dort drüben unter einem vorspringenden Felsblock ist deutlich das Lager zu erkennen, in dem der Bär die letzte Nacht verbrachte, und kreuz und quer zeichnen sich die frischen Fährten gleich dunklen, silbergesäumten Streifen in den Schnee. Warm und goldig liegt die Sonne über Hang und Wald, und rings, bis in weite Ferne, wölbt sich Kuppe um Kuppe in schimmerndem Glanze. Nach abwärts dringen die Blicke ungehindert in den Buchenwald, und in der Tiefe liegt das Tal, von dessen Dörflein der gedämpfte Lärm eines bescheidenen Lebens emporquillt.

Aus der Versunkenheit in den Zauber dieses Bildes reißt mich der Hall eines fernen Schusses; er verkündet, daß die Treiber an Ort und Stelle sind und das Klopfen beginnen. Mit einem Schlag gewinnt der Jagdeifer die Oberhand über die Freude an der Natur. Aber nur wenige Minuten vergehen in angestrengtem Lauschen und Spähen – dann plötzlich klingt aus dem Tal herauf der wirre Lärm von einem Dutzend schreiender Stimmen. Eine bange Ahnung beschleicht mich. Die Büchse wird beiseite gelegt, das Fernrohr aufgezogen, und durch das scharfe Glas zeigt sich auf der Straße im Tal eine Gruppe von Holzfuhrwerken, deren Führer in aufgeregtem Disput beieinanderstehen. Ihre gestikulierenden

Arme deuten nach dem Hang des jenseitigen Berges, ich folge mit dem Fernrohr dieser Richtung und ... hol mich der Kuckuck ... im Glase zeigt sich eine frische Bärenspur, und, wahrhaftiger Gott, auf einer kleinen Blöße, recht behaglich, sitzt Meister Petz und äugt in aller Gemütsruhe mit schief gehaltenem Kopf zu uns herüber.

Zuerst ein gut deutscher Fluch, dann ruf' ich in meiner Anwandlung von Galgenhumor dem Bären, der doch sicherlich nicht Deutsch versteht, mit Aufgebot meines ganzen slowakischen Wortschatzes über das Tal hinüber zu:

»Dobre noc! Dobre noc! ... Gute Nacht, Bärenjagd!«

Recht schweigsam traten wir den Heimweg an. Aber die Verstimmung hielt nicht lange vor. Der herrliche Tag mit aller Schönheit, die er geboten hatte, entschädigte für die schnöd getäuschte Jägerhoffnung. Und bei der Ankunft im Jagdhaus erwartete mich eine ›schwarze‹ Überraschung: Neben der Haustür lag der Keiler, den ich tags zuvor angeschossen hatte – er war verendet von einem Holzfuhrmann gefunden worden, mitten auf der Straße. Ein wahres Ungetüm von einem ›hauenden Schwein‹, aus dem man drei Parksauen hätte herausschneiden können! Die ›Gewehre‹ über eine Spanne lang und scharf geschliffen wie venezianische Dolche.

Wenn ich späterhin zur Winterszeit in einem Park die schwarzen Rudel beobachtete, die sittig und vertraut zur Schütte trollten, hab' ich gar oft unter mitleidigem Lächeln an meinen Keiler aus den Karpaten gedacht. Das Wildschwein des Parkes ist fast kein Wild mehr, es ist ein halbes Haustier geworden, und der Heger, der ihm die Kartoffeln in die Tröge schüttet, ist sein Hirte. Wohl hausen noch in so manch einem deutschen Revier, wie im Spessart und in den Rheinlanden, die Schwarzröcke als freies Wild und bescheren dem mutigen und unverdrossenen Jäger unvergeßliche Jagdtage, reich an Aufregung und stolzer Weidmannslust. Aber auch in diesen letzten Zufluchtsstätten muß die fortschreitende Kultur dem Schwarzwild den Krieg auf Tod und Leben erklären, und die Zeiten werden kommen, in denen die Erlegung eines wilden Keilers als eine so seltene Nachricht durch die Zeitungen läuft wie heutzutage das Auftauchen und die Erlegung eines Wolfes oder Bären.

Darf nun auch ein Jäger, der den Fortschritt und die Kulturforderungen unserer Zeit begreift, die Jagdherrlichkeiten vergangener Jahrhunderte nicht zurückwünschen, so mag er doch eine heiße Träne dem aussterbenden Biber nachweinen, der an der Elbe nur noch in wenigen Exemplaren ein ängstlich behütetes Dasein fristet!

Wie eine mystische Heldensage aus längst versunkenen Zeiten noch heraufklingt in die Gegenwart, so hat sich auch ein gewaltiges Urwild, welches Eiszeit und Sintflut überdauerte, noch erhalten bis auf unsere Tage – der Elch in den Mooren von Ibenhorst. Aber man muß auf einem Thron oder in der Nähe desselben geboren sein, um die seltene Jägerfreude kosten zu dürfen, diesen Riesenhirsch der Vorzeit, von dem das Nibelungenlied zu singen weiß, auf deutschem Grund und Boden zu jagen.

# Zum Wiederentdecken und Wiederlesen: Ludwig Ganghofer

**Bergfeuer**
Erzählungen von Liebe und Eifersucht.
Um das Gleichgewicht der Seele, ums Auf und Nieder von Hoffnung und Verzweiflung geht es in diesen Geschichten von Ludwig Ganghofer. Eine Auswahl der schönsten Erzählungen über die Liebe und ihren Schatten, die Eifersucht.
Band 1072. 192 Seiten mit 10 Illustrationen.

**Der Biberfranzl**
Heitere Erzählungen.
Der Biberfranzl ist der klassische Fall eines Aufschneiders – mit der Besonderheit, daß er sein Wort hält. Was er sich mit einer leichtsinnigen Wette in einer Jägerrunde damit alles einbrockt, erzählt Ganghofer seinen Lesern hier mit viel Humor...
Diese und weitere ausgewählte Geschichten zeigen Ganghofers meisterhafte Erzählkunst von der heiteren Seite.
Band 1073. 176 Seiten mit 10 Illustrationen.

**Gewitter im Mai**
Eine Novelle
In diesem frühen Werk zeigt Ludwig Ganghofer schon seine meisterliche Kunst, Fäden zu knüpfen und behutsam wieder zu entwirren. Voller Wärme und mit seinem großen Verständnis für alles Menschliche erzählt er von einer so zarten wie leidenschaftlichen Liebe – von Unbill bedroht durch Mensch und Natur.
Band 1092. 144 Seiten mit 10 Illustrationen.
(Erscheint Februar 84)

**Der Wildbach**
Erzählungen von Berg und Tal.
Über Berg und Tal in Natur und Leben, über den Lauf des Schicksals, das den einen stärkt und den anderen aus der Bahn wirft, erzählt Ludwig Ganghofer in dieser Auswahl seiner besonders spannenden und ergreifenden Geschichten.
Band 1093. 192 Seiten mit 10 Illustrationen.
(Erscheint Februar 84)

**Das wilde Jahr**
Eine Waldphantasie.
Ludwig Thoma schreibt zu diesem Band: Hier finden wir in allen prachtvollen Details den feinen Beobachter und Schilderer der Natur, und diese Frühlingsnacht auf dem Berge gehört zum Besten, was Ganghofer geschrieben hat.
Band 1094. 144 Seiten mit 10 Illustrationen.
(Erscheint Februar 84)

**Das Gotteslehen**
Eine Handlung voll spannender Dramatik und die großartigen Schilderungen der Natur machen diesen Roman zu einem wahren Lesegenuß.
Band 499. 222 Seiten.

**Der Klosterjäger**
Im 14. Jahrhundert, als der Papst in Avignon residiert und der deutsche Kaiser im Bann lebt, regiert im Berchtesgadener Land der deutsche Kirchenfürst Heinrich von Inzing – unbeeindruckt von all diesen Wirren. Vor diesem historischen Hintergrund vollzieht sich das Drama dieses Romans.
Band 536. 254 Seiten.

**Waldrausch**
Der Einbruch der Technik in die konservative, bäuerliche Welt eines seit Jahrhunderten unberührten Bergtales ist das Thema dieses einfühlsam geschriebenen Romans.
Band 479. 299 Seiten.